AS LEIS DA INVENCIBILIDADE

AS LEIS DA INVENCIBILIDADE

COMO DESENVOLVER UMA MENTE ESTRATÉGICA E GERENCIAL

RYUHO OKAWA

Ⓡ IRH Press do Brasil

Copyright © 2017, 2015 Ryuho Okawa
Título do original em inglês: *The Laws of Invincible Leadership
– How to Keep on Succeeding*
Título do original em japonês: *Josho No Ho*

Tradução para o português: Happy Science do Brasil
Coordenação editorial: Wally Constantino
Revisão: Francisco José M. Couto, Laura Vecchioli
Diagramação: Priscylla Cabral
Capa: Maurício Geurgas, Giovanni da Matta
Imagem de capa: Shutterstock

IRH Press do Brasil Editora Limitada
Rua Domingos de Morais, 1154, 1º andar, sala 101
Vila Mariana, São Paulo – SP – Brasil, CEP 04010-100

Nenhuma parte desta publicação poderá ser reproduzida, copiada, armazenada em sistema digital ou transferida por qualquer meio, eletrônico, mecânico, fotocópia, gravação ou quaisquer outros, sem que haja permissão por escrito emitida pela Happy Science – Ciência da Felicidade do Brasil.

ISBN: 978-85-64658-27-1

Os textos deste livro são uma compilação das palestras proferidas por Ryuho Okawa nas seguintes datas:

Capítulo 1: 15 de janeiro de 1999
Capítulo 2: 19 de julho de 2001
Capítulo 3: 23 de agosto de 1998
Capítulo 4: 15 de janeiro de 1998
Capítulo 5: 28 de maio de 2000

Sumário

Prefácio 13

CAPÍTULO UM

Os princípios do sucesso

~ As sete regras de ouro para ser bem-sucedido na vida ~

1. As aspirações de vida 17
   Nem sempre o sucesso garante a felicidade 17
   Almeje promover a felicidade de muitas pessoas 18
   Ter uma vida positiva ou negativa 21

2. Estratégias e táticas 23
   A diferença entre estratégia e tática 23
   Crie uma estratégia para sua vida 26
   A vida é uma sequência de decisões 27

3. A força dos espíritos guardiões e espíritos guias 29
   Como receber orientações celestiais 29
   O verdadeiro sucesso faz nossa alma crescer 31

4. Como alocar recursos humanos 33
   O apoio de muitos é indispensável para
   o sucesso 33
   Descubra a capacidade e a sorte das pessoas 35

Delegue tarefas e use seu tempo em trabalhos
que só você pode fazer...37
Dedique seu tempo a tarefas de elevado valor 39

5. Agarre logo as oportunidades 41
Não desperdice uma circunstância favorável 41
Tenha a coragem de descartar o velho para
conquistar o novo 43

6. Desenvolva uma mente inabalável 46
É necessário mais do que uma mente aguçada para
alcançar grandes metas 46
Pessoas com talento excepcional devem delegar tarefas
para ascender a cargos de gerência.................................47
Uma mente inabalável requer a força da perseverança 49
É preciso esforço para desenvolver uma mente
inabalável..50
Espere até o momento oportuno....................................52

**7. Escolha um parceiro de casamento adequado
a você**..55
Amor romântico e amor marital são coisas
diferentes 55
A essência das mulheres está na estratégia de
longo prazo..57
Vocês conseguem se imaginar passando o resto
da vida juntos? 59
Escolha alguém parecido com você em inteligência,
traços físicos e caráter 60
Ter crenças religiosas similares..62
Um parceiro para um casamento bem-sucedido...............63

8. O verdadeiro sucesso 65

CAPÍTULO DOIS

Como ser vitorioso nos confrontos
~ O segredo do sucesso duradouro na vida e nos empreendimentos ~

1. **A vida é uma sequência contínua de batalhas**..................69
   Todas as decisões ou ações resultam em vitórias
   ou derrotas 69
   A ascensão e a queda das corporações e o princípio da
   seleção natural 71
   Negar o confronto leva à estagnação..................72
   As vitórias e derrotas são parte da inovação..................74
   Encare seus problemas como batalhas da vida..................75

2. **Prepare-se para o futuro**..................77
   Pense na vitória final..................77
   As decisões dos líderes devem levar à felicidade..................79
   Preveja o futuro..................81
   As táticas de surpresa funcionam apenas enquanto são
   surpresa..................82

3. **Analise os pontos fortes e fracos de
   seu concorrente**..................85
   Uma estratégia adotada por uma escola particular..................85
   Os pontos fracos e fortes são lados de uma mesma
   moeda..................88
   Mantenha o segredo do seu sucesso..................89

4. **Concentre suas forças**..................91

5. **Táticas-surpresa**..................95

Os métodos de Yoshitsune e Nobunaga 95
O inimigo não é capaz de detectar uma tática
de desvio 99

6. Crie um sistema que possa se manter vencedor 100
O sucesso não dura para sempre 100
Crie uma cultura de inovação 101

7. Quando falta sabedoria, a solução é ter coragem 102

CAPÍTULO TRÊS

Como desenvolver uma mente estratégica e gerencial
~ Cinco pontos fundamentais para o desenvolvimento
e a prosperidade ~

1. Nunca pare de pensar 109
   O propósito da administração de negócios é trazer
   desenvolvimento e prosperidade 109
   A mente estratégica e gerencial de uma sociedade em
   constante mudança 110
   Os executivos devem detectar necessidades, mais do
   que "sementes" 113
   Aprimore suas ideias 115

2. Dê atenção tanto ao quadro geral como
   aos detalhes 118
   Amplie sua visão 118
   Fique atento a pequenas mudanças 119
   Certas coisas você só consegue ver *in loco* 120

3. Descobrir e eliminar gargalos 124
   Os gargalos comprometem o crescimento 124
   Mude sua maneira de pensar de acordo com o porte
   da sua companhia 125
   Verifique como procedem as companhias que estão
   um passo à frente da sua 127

4. Nunca se esqueça da *Customer's Mind* 129
   Em última instância, pergunte ao mercado 129
   Desenvolva novas ideias a partir do ponto de vista
   do usuário 131

5. Aumente o valor agregado de seus produtos e serviços .. 134
   O valor agregado é a somatória da satisfação do cliente ... 134
   Crie uma cultura corporativa 136

6. Revisão dos cinco pontos fundamentais para o
   desenvolvimento dos negócios 138

CAPÍTULO QUATRO

Como superar uma recessão

~ Assuma novos desafios em períodos de transição ~

1. As causas da recessão do Japão 143
   O colapso da bolha econômica trouxe prejuízos ao
   espírito do capitalismo 143
   As dificuldades envolvidas em criar uma nova era 144

2. Uma abrangente reorganização da classe capitalista 147
   Está em curso uma revolução da propriedade imobiliária. 147
   O consenso nacional rumo ao futuro 149

3. Tempo para investir em si mesmo 152
   O valor do indivíduo ficará claro 152
   Cultive a si mesmo durante a recessão 153

4. Redefina o valor da sua família e da espiritualidade ..155
   Faça um retrospecto da sua vida 155
   Aprimore sua alma levando uma vida
   espiritualizada 157

5. As sementes do futuro estão no presente 158
   Faça uma revisão das operações do seu negócio 158
   Busque sempre novas informações 160

6. Os períodos de transição trazem novas
   oportunidades 162

CAPÍTULO CINCO

O modo ideal de ser

~ Use a sabedoria e siga o caminho do meio ~

1. As armadilhas do otimismo 167
   Chegar ao próprio limite: o exemplo de um
   primeiro-ministro japonês 167
   Como olhar para um copo com água pela metade 170
   O fracasso do exército japonês na Guerra do Pacífico 171
   O otimismo simplório atrai o mal 174

2. Use o poder da sabedoria 177
   A filosofia de sucesso do magnata do aço
   Andrew Carnegie 177

Reduza o foco de suas ideias de acordo com o
crescimento da organização 179
Use o poder da sabedoria tanto em suas ofensivas como
para se defender 181

3. **Nem sempre os desenhos do seu coração irão
se realizar** 183
Faça um exame cuidadoso de suas capacidades 183
A batalha de poderes psíquicos entre Hitler e Churchill ... 184
Dissuasão do mal 186

4. **Requisitos de uma boa administração** 188
Quando a autorrealização cessa 188
O otimismo autoindulgente é um convite ao fracasso 191
Tenha simultaneamente uma visão subjetiva e objetiva 194

5. **Sobreviver dentro dos limites da sua capacidade** 196
A operação dos bancos japoneses depende de dinheiro
emprestado 196
As limitações de governança de uma nação endividada....199

6. **Use a sabedoria e siga o caminho do meio** 201

Posfácio 203
Sobre o autor 205
Transmissão de palestras 207
Mais de 2 mil livros publicados 208
Sobre a Happy Science 209
Contatos 211
Partido da Realização da Felicidade 216
Universidade Happy Science 217
Filmes da Happy Science 220
Outros livros de Ryuho Okawa 223

Prefácio

É um prazer enorme publicar este livro sobre minha filosofia do sucesso e do desenvolvimento. Este conjunto de princípios constitui um aspecto particular da minha maneira de pensar. Muitos líderes religiosos, inclusive eu, falam em conquistar a felicidade na vida após a morte, mas poucos foram capazes de revelar a maneira de alcançá-la neste mundo. Os sucessos e fracassos na vida ocorrem com tanta rapidez que a maior parte das filosofias não vigora por muito tempo.

Portanto, desenvolvi uma filosofia sobre a felicidade que se estende ao longo desta vida e prossegue na vida após a morte. Seus fundamentos são os mesmos do budismo, que diz: "O estado mental que mantivermos nesta vida irá determinar nosso destino no outro mundo". Desejo fervorosamente que todas as pessoas alcancem a verdadeira felicidade neste mundo e que ela persista na vida após a morte. Um intenso sentimento meu está contido na palavra "invencibilidade". Espero que este livro dê coragem e sabedoria àqueles que o leem hoje e às pessoas das gerações futuras.

Ryuho Okawa
Dezembro de 2001

Capítulo 1

Os princípios do sucesso

~ As sete regras de ouro para ser
bem-sucedido na vida ~

1
As aspirações de vida

Nem sempre o sucesso garante a felicidade

Existem incontáveis princípios do sucesso; portanto, neste capítulo pretendo apresentar conceitos introdutórios em linhas gerais, particularmente valiosos a todos, dos jovens às pessoas de meia-idade. Para começar, precisamos examinar de que modo costumamos perceber o sucesso e a felicidade. O sucesso em geral está associado a uma vida feliz, mas sucesso e felicidade nem sempre andam juntos. Por exemplo, muitos homens de negócios deixam de dar a devida atenção à felicidade de sua família e se esforçam apenas para progredir na carreira. Eles sacrificam a felicidade em nome do sucesso. Também é frequente ocorrer o inverso: às vezes, abrimos mão do sucesso em nome da felicidade da família.

Embora nem sempre o sucesso seja garantia de felicidade, a maioria das pessoas, quando pensa em sucesso, imagina uma vida feliz; creio que existem de fato muitos pontos em comum. Acredito firmemente em um tipo de sucesso: aquele que leva à felicidade. Sucesso e felicidade precisam andar juntos. A felicidade não deve ser apenas o prêmio que se recebe ao final de uma dura jornada para alcançar o sucesso; a própria jornada deve ser preenchida por felicidade. O sucesso alcançado não deve gerar infelicidade, ele deve nos trazer felicidade.

Almeje promover a felicidade de muitas pessoas

O caminho para o sucesso de uma pessoa geralmente exige que muitas outras sacrifiquem a própria felicidade. Você pode trabalhar arduamente para se tornar membro de gabinete de um senador, presidente de uma nação, executivo-chefe de uma companhia ou um artista de fama nacional. Essas realizações terrenas têm sentido quando trazem alguma compensação para aqueles que se empenharam em torná-las realidade. No entanto, é muito comum que o sucesso da pessoa seja alcançado à custa das demais que a apoiaram. Não é esse o tipo de sucesso que defendemos. Procure almejar o sucesso e a felicidade, desejando que estes promovam também o sucesso e a felicidade de muitas outras pessoas.

A chave para realizar esse sonho é ter as aspirações corretas. Muitas pessoas almejam se tornar ricas e poderosas e se dispõem a conseguir isso passando por cima dos outros e magoando-os. Ser agressivo e determinado pode levar ao sucesso. Se formos agressivos em nossa prática de vendas, conseguiremos vender até aquilo que o cliente na verdade não quer comprar, e poderemos obter ganhos e mesmo uma promoção. Hoje em dia, costuma-se aceitar esse método de alcançar sucesso, mas não é assim que eu quero que você se realize. Desejo que você possa aplicar seu poder e riqueza para o crescimento de todos os demais, da nossa sociedade, da nossa nação e do mundo todo.

Os donos de fábricas têm a obrigação moral de evitar a poluição. Quando o problema é encarado com leviandade, ignorado ou tratado de modo irresponsável, visando apenas reduzir custos ou evitar a queda do lucro, a poluição traz graves danos às comunidades. É tão importante assumir a responsabilidade de proteger a saúde e a segurança da comunidade quanto fazer com que o negócio obtenha lucro. Não importam quais sejam as nossas funções, devemos sempre colocar o coração naquilo que fazemos.

Nas repartições públicas, é comum os funcionários esconderem seus erros para proteger a própria imagem e preservar suas chances de subir na carreira. Os projetos que têm grande probabilidade de fracasso costumam ser evitados e relegados a segundo plano. Já ouvi dizer que funcionários em altos cargos são instruídos logo no primeiro dia de trabalho a adiar tudo o que for possível. O raciocínio é que, se você fizer hoje o que pode ser adiado para amanhã, aumentará a chance de tomar alguma decisão errada e comprometer sua imagem. Assim, os cidadãos acabam enfrentando dificuldades que nunca são resolvidas somente porque eles têm medo de lidar com problemas difíceis e de alto risco. Se seu único objetivo é fazer carreira, o importante é não fracassar. Os problemas que sua falta de ação possa causar aos outros ficam em segundo plano, e o que prevalece é o desejo de ser promovido. Tudo o que interessa a esses indivíduos é não cometer erros durante sua gestão. Mesmo que tais negligências venham à tona posteriormente, eles nem vão se preocupar, uma vez que já estarão ocupando outro cargo.

Nós, da Happy Science, escolhemos assumir uma postura diferente em relação ao nosso trabalho. Não é possível produzir nenhum bem quando, para avançar em nossa carreira, causamos sofrimento aos outros e exigimos que muitas pessoas sacrifiquem a própria felicidade. Tenho certeza de que os espíritos celestiais concordam comigo. O sucesso que perseguimos deve se basear no desejo de colaborar com os outros, de contribuir para o bem e de ajudar as pessoas a serem felizes. Tornar-se presidente de uma companhia, conquistar poder e ficar rico são como as notas de um boletim semestral: representam a avaliação do nosso esforço passado, mas elas, por si sós, não produzem nenhum efeito. Mesmo que receba uma nota "10", isso não significa que você tem a competência equivalente a essa nota. Ela representa apenas a avaliação do resultado do seu esforço no semestre que passou.

Ter uma vida positiva ou negativa

Nossas aspirações não devem produzir danos. Nossos sonhos devem criar um mundo ideal, mesmo que nosso poder seja pequeno. Nosso objetivo deve ser o de florescer totalmente dentro da nossa vocação de vida, viver nosso tempo aqui na Terra da maneira mais plena possível e sentir orgulho por nosso modo de vida. Também devemos aspirar fazer com que nossa sociedade, nossa nação e nosso mundo se tornem lugares melhores. Devemos ter o ideal de contribuir, por pouco que seja, para a construção da Utopia. Mesmo não sendo capazes de mudar o mundo inteiro, devemos almejar verter um balde de água no grande rio da Utopia.

Existem dois tipos de aspirações, e há quem consiga obter sucesso profissional mesmo tendo uma aspiração errônea. Na verdade, ter uma correta aspiração é considerado clássico ou antiquado. Há quem pense: "Trata-se de contos do passado ou de moralismo retrógrado, e no mundo contemporâneo isso não funciona. O mundo moderno é baseado no hedonismo; portanto, o que importa é viver com alegria e prazer".

Contudo, os princípios universais da humanidade existem e serão revelados a cada um com grande clareza após a morte. Na vida só há basicamente duas opções: "Viver uma vida positiva ou negativa!". Quem optar por seguir a direção errada sentirá o arrependimento inevitável.

Quanto mais poder, riqueza e status conseguimos, maior é a nossa influência e, portanto, mais graves são nossas más ações. Algumas teorias do sucesso recomendam agressivamente passar à frente das demais pessoas. Muitas dessas teorias foram inspiradas por espíritos eremitas e tengus (arrogantes bruxos de nariz comprido), e que não vivem no lado luminoso do Céu. Seus princípios podem ser eficazes para trazer o sucesso mundano, mas se baseiam num ponto de vista equivocado. Eis o significado da correta aspiração.

2
Estratégias e táticas

A diferença entre estratégia e tática

Uma segunda regra do sucesso é ter uma estratégia e definir uma tática. Em geral, a estratégia é uma ideia macro, enquanto a tática é micro. As pessoas costumam dizer que a estratégia é invisível, enquanto a tática é visível. A estratégia é o plano de longo prazo que vai nos ajudar a alcançar um grande objetivo. A tática é o curso de ação concreto que engloba os detalhes de como as coisas deverão ser conduzidas.

Muitos indivíduos talentosos e capazes não alcançam o sucesso porque confundem tática com estratégia. Em particular, alguns deles cometem o erro de se concentrar em definir táticas de sucesso sem antes terem criado uma estratégia de sucesso. São pessoas detalhistas e que tendem a pensar como um técnico ou especialista. O problema é que, quando o indivíduo se concentra mais naquilo que está logo à sua frente, acaba perdendo a visão macro. Para esse tipo de pessoa, trabalhar sob o comando de alguém hábil na liderança dos demais pode ser o caminho do sucesso; por outro lado, se ele próprio tentar comandar os demais, o sucesso poderá ser difícil. Em geral, pessoas assim não conseguem enxergar a diferença entre estratégia e tática.

Para explicar melhor essa diferença, vamos supor que você é um aluno do ensino fundamental que sonha em se tornar médico. Sua meta será entrar em uma faculdade de medicina. Se seus pais não tiverem condições de pagar uma universidade particular, sua melhor opção será ingressar em uma universidade pública. O lugar em que você vive talvez reduza ainda mais suas opções.

Depois de ter considerado todos os fatores importantes e reduzido seu leque de escolhas, poderá começar a planejar o tipo de escola de ensino médio que irá frequentar e o que precisará fazer para entrar nela. Este é um exemplo simples que mostra a diferença entre uma estratégia ampla e as táticas passo a passo para alcançá-la.

Você também precisa ter certeza de que medicina é a carreira certa para você. O fato de ir bem na escola não indica que você possui vocação para ser médico. Acredite ou não, alguns estudantes de medicina com notas excelentes desmaiam ao realizar sua primeira autópsia. Além disso, os médicos lidam com pacientes o dia todo, então precisam gostar de trabalhar com pessoas. Se você não se sente à vontade ficando o tempo inteiro rodeado de gente, talvez deva reconsiderar a escolha de sua profissão. Antes de decidir ser médico, é importante que você entenda o que a carreira envolve. Então, se ainda assim quiser ser médico, poderá encontrar uma maneira de conseguir isso.

Algumas escolas de ensino médio oferecem várias matérias que podem aumentar suas chances de ser admitido em uma faculdade de medicina. Depois que você descobrir qual é a melhor delas para isso, poderá da mesma forma decidir que curso vestibular irá ampliar suas possibilidades de entrar em uma faculdade de medicina. Também deverá descobrir as metas escolares que terá de perseguir com maior esforço. Por exemplo, para entrar num curso de medicina, você precisa ser forte em ciências e matemática. É desse modo que você começa a desenvolver uma estratégia e definir um grande projeto de vida.

O próximo passo é planejar os detalhes, isto é, as táticas que irá usar para concretizar sua estratégia mais geral. Que nota você precisa alcançar em sua próxima prova, e como deve se preparar para obter essa nota? Quais as matérias em que você tem pior desempenho? O quanto deve melhorar sua nota nas matérias em que tem bom desempenho?

Talvez você também precise mudar certas coisas, como trocar de cursinho, por exemplo. E pode modificar suas táticas à vontade para aumentar suas chances de uma estratégia bem-sucedida. Portanto, a estratégia é um plano ou uma grande ideia, e as táticas são as plantas detalhadas que podem tornar a estratégia bem-sucedida.

Crie uma estratégia para sua vida

Uma vez definida, a estratégia não deve ser alterada por motivos banais. Por ser uma ideia ampla e abrangente, não se deve alterá-la por um motivo qualquer. A estratégia pode ser abstrata, uma vez que os detalhes ainda não são definidos nessa fase. Então, no âmbito da estratégia, elabora-se a concepção geral da vida numa escala de anos ou décadas.

Uma estratégia pode se estender por cinquenta a oitenta anos. É importante criar uma visão geral da vida, um projeto de vida definido em linhas gerais. Por exemplo, definir o que gostaria de fazer até os 20 anos, 30 anos, 40 anos, 50 anos, 60 anos ou o que fazer após os 70 anos. Ou "fazer tal coisa até os 30 anos em função da profissão tal", isto é, metas de carreira profissional ou acadêmica. Há ainda a questão de se casar ou não, ou, se resolver se casar, quantos filhos pretende ter.

O número de filhos que você tiver irá determinar quantos anos e quanto dinheiro o casal precisará para criá-los. O que acontecerá se os filhos decidirem escolher formar-se em alguma profissão liberal? E se quiserem cursar uma universidade particular? Qual carreira irão escolher? Seguirão os passos dos pais ou vão preferir uma profissão totalmente diferente?

Procurar responder a perguntas desse tipo pode dar a impressão de que você está tentando planejar um sonho vago situado num futuro distante – mas esse sonho irá se tornar realidade à medida que o tempo passar. Seremos gratos a nós mesmos no futuro se dedicarmos algum tempo agora para definir o curso de ação que queremos seguir e onde desejamos estar nas décadas que temos à frente.

O pensamento estratégico é uma parte importante da vida. O primeiro passo importante do pensamento estratégico é decidir qual será nossa profissão e, em termos mais gerais, descobrir qual é o grande sonho que você quer realizar na vida. Uma vez isso definido, você deve elaborar um plano de vida dividido em blocos de dez anos. Por exemplo: "Fazer isso até os 30 anos; aquilo até 40 anos". Isso é muito importante.

A vida é uma sequência de decisões

Depois que você tiver definido sua estratégia, poderá começar a trabalhar nas táticas. A parte prática da sua estratégia pode assumir várias formas, então recomendo que descubra uma abordagem adequada ao seu perfil e que considere agradável. Você pode mudar as táticas com a frequência que achar necessário, desde que elas contribuam para sua estratégia. A tática é a serva da estratégia. Essa compreensão de estratégia e táticas irá ajudá-lo a decidir e consolidar seu plano. Não se abale demasiadamente por motivos fúteis. Desenhe a grande estratégia e procure conquistar a vitória nas batalhas menores, alcançar pequenos sucessos.

A vida, assim como os computadores, também usa um sistema binário. Da mesma forma que os computadores utilizam sequências de "zeros" e "uns" para expressar a informação, nossa vida também é uma cadeia formada pelos muitos "sins" e "nãos" que devemos dizer ao longo do caminho. Cada pequena decisão liga-se a todas as outras pequenas decisões para criar nossa cadeia única de sucessos e erros. Tomamos decisões todos os dias, para dizer sim ou não ou para ver as coisas de uma maneira positiva ou negativa. Conforme essas decisões se acumulam, elas vão se compondo e tomando forma. Nossa vida irá se encaminhar de acordo com a nossa capacidade de tomar as decisões certas a respeito de cada problema que surgir à nossa frente. Às vezes tomamos uma decisão equivocada, outras tomamos uma decisão certa, e às vezes tomamos uma série inteira de decisões acertadas. Nossa vida é, em última instância, o resultado dessa combinação de decisões certas e erradas.

3
A força dos espíritos guardiões e espíritos guias

Como receber orientações celestiais

A terceira regra do sucesso é pedir ajuda ao seu espírito guardião e aos espíritos guias. Não é possível alcançar sucesso contando apenas com o poder deste mundo. É um fato comprovado que o mundo invisível está sempre inspirando os indivíduos deste nosso planeta, e seria uma pena não tirar proveito disso. Cada um de nós possui um espírito guardião que zela por nós. Não só isso: quando temos uma ocupação especializada, há uma classe mais elevada de espíritos – os chamados espíritos guias – que também passam a nos orientar.

Há um enorme grupo de espíritos guias no Céu que se dedica a nos ajudar na Terra. Quando alguém que tem potencial assume um cargo ou uma tarefa relevante, passa a ser assessorado pelo espírito certo para conduzi-lo. Os espíritos guias são entidades extraordinariamente competentes, que podem nos auxiliar em conquistas espetaculares. Ao longo do tempo, à medida que se esforçar, você será capaz de discernir quando está sendo guiado.

O segredo para ter a assistência de um espírito guia é manter um coração puro e aberto. Se você desejar manifestar o poder de Deus ou de Buda – sem egoísmo e com humildade –, verá que os poderes inspiradores do outro mundo irão se multiplicar. No entanto, uma atitude egoísta irá bloquear sua mente e tornar impossível ao seu espírito guardião e ao seu espírito guia lhe enviarem orientações. Provavelmente, você já conheceu pessoas egoístas ao longo da vida com as quais considerou difícil conviver. O mesmo ocorre com os espíritos celestiais. Eles são muito sensíveis às ondas vibratórias, ficam muito desgostosos com as ondas negativas e acabam se distanciando de pessoas egoístas. Há casos em que o espírito guardião chega a abandonar seu protegido dizendo: "Se você teima em fazer à sua maneira, então, vire-se!". Quando isso acontece, há o perigo de atrairmos maus espíritos que estejam sintonizados com esse tipo de vibração.

Pessoas que estão possuídas por maus espíritos costumam ser consideradas "más"; no entanto, elas também podem ser bem-sucedidas neste mundo. Conforme foi explicado no início deste capítulo, alguns tipos de sucesso podem ser atingidos quando o indivíduo mentaliza intensamente uma meta específica e "força a barra" nesse sentido. Entretanto, raramente o reconhecimento desse tipo de sucesso é durável, tanto neste mundo como também no mundo após a morte. Um modo de vida que atrai maus espíritos geralmente leva o indivíduo a não ser querido, a ter má reputação, à solidão, ao descontentamento e a uma velhice infeliz.

Aqueles que não são virtuosos, mas são muito inteligentes, podem muito bem alcançar o sucesso mundano. Isso ocorre porque a inteligência não depende da virtude. Mas esse não é o tipo de sucesso que você deve almejar. Se tentarmos virar ladrões bem-sucedidos, nossa mente vai atrair espíritos que foram ladrões nas encarnações passadas. Assim, atraímos espíritos que tenham sintonia com as vibrações do nosso coração. Por outro lado, se tivermos aspirações elevadas, trabalharmos com seriedade e formos perseverantes, sem egoísmo e com humildade, nossa mente irá ter contato com os espíritos celestiais. E quando a porta do nosso futuro finalmente se abrir, deveremos agradecer aos espíritos celestiais que nos ajudaram. Quanto mais intensa for nossa gratidão e quanto mais ela durar, mais eles vão querer nos ajudar.

O verdadeiro sucesso faz nossa alma crescer

A mente trabalha de maneiras impressionantes. No instante em que pensamos em alguém, esse pensamento chega à pessoa na mesma hora. Não importa o quanto estejamos distantes dela, leva apenas um segundo para esse pensamento chegar ao nosso alvo. A mente é parecida com um celular. Se nos esquecermos de nossos espíritos guardiões, eles irão parar de receber nossas ligações. Mas, na hora em que começarmos a pensar neles de novo, receberão outra vez nossas chamadas e ficarão a par de tudo o que estamos pensando. Sem sombra de dúvida, não devemos abrir mão da ajuda de nosso espírito guardião e de nosso espírito guia.

Os espíritos celestiais sentem-se honrados em auxiliar e aconselhar aqueles que vivem de maneira pura e virtuosa neste planeta. Ajudar pessoas boas é algo que também acrescenta virtude aos espíritos celestiais, porque contribui para criar um mundo ideal na Terra. A tarefa deles é esplêndida e tem muito valor, e isso aumenta seu poder e lhes dá a oportunidade de ampliar sua experiência. Imagine que você é um espírito celestial. Se, depois de passar um longo período incentivando e aconselhando seu amigo aqui deste mundo, ele milagrosamente conseguir sucesso e der uma grande contribuição à sociedade, estou certo de que você ficará orgulhoso do bom trabalho que fez. Aquilo que você ajudar a conquistar também vai contribuir para o trabalho do Céu. Enquanto isso, aqui na Terra, seu amigo iria crescer com essa experiência. Essa conquista iria aumentar a confiança dele e se tornar parte eterna de seu ser, que ele iria, então, levar para a vida após a morte. Isso igualmente lhe daria força na próxima encarnação.

Uma vida de muitos fracassos requer a ajuda de várias pessoas, mas uma vida de sucessos serve para desenvolver nossa capacidade de liderança e nos dá poder para auxiliar os outros. O sucesso tem um poder impressionante.

Como alocar recursos humanos

O apoio de muitos é indispensável para o sucesso

A quarta regra do sucesso pode ser explicada com uma analogia militar: o sucesso requer que se manobrem os soldados com habilidade. Não importa o quanto suas aspirações sejam fortes, é difícil alcançar o sucesso sozinho. Algumas pessoas creem que foram a única fonte do próprio sucesso, e, de fato, há trabalhos que devem ser executados individualmente. Porém, seja qual for nossa atividade na vida, o sucesso irá exigir o apoio da família, dos amigos, vizinhos e de muitos outros. Um pianista pode acreditar que seu sucesso vem do próprio talento e esforço. Mas a verdade é que ele contou com a ajuda e o apoio de várias pessoas, indispensáveis para que se tornasse um profissional. Alguns indivíduos têm ocupações nas quais trabalham sozinhos. Mas, numa empresa, todas as funções são interdependentes. Se um funcionário comete um erro, outro funcionário terá de consertá-lo. Do mesmo modo, a companhia inteira se beneficia com o bom desempenho de cada um de seus empregados.

Todos nós precisamos da ajuda e do apoio de muitas pessoas, tanto deste mundo quanto do outro, a fim de alcançarmos o sucesso, não importa qual seja nosso trabalho e o que queremos conquistar. A assistência de nossos superiores, colegas, subordinados, esposos e esposas, filhos e correlatos é indispensável para realizarmos grandes trabalhos. Essas pessoas não só acrescentam algo à nossa força – elas multiplicam nossa força duas, três, dez vezes ou mesmo 10 mil vezes. O executivo-chefe de uma companhia de 10 mil funcionários tem 10 mil soldados que ele pode direcionar para metas e manobrar com habilidade, como num jogo de xadrez, para realizar mais do que ele sozinho poderia conseguir. A capacidade de manobrar pessoas é muito importante para alcançar o sucesso.

• Os princípios do sucesso •

Descubra a capacidade e a sorte das pessoas

Dependendo de quem for escolhido para comandar uma frota de navios em uma batalha naval, uma nação pode ser levada tanto para a vitória quanto para uma derrota e um sucessivo século de dificuldades.

Durante a Segunda Guerra Mundial, no Japão a atribuição das patentes de general, tenente-coronel e major era feita por meio de um sistema burocrático, que falhava em colocar a pessoa certa no cargo certo. Já durante a Guerra Russo-Japonesa[1], as forças armadas japonesas tinham um sistema diferente. Embora Togo Heihachiro não fizesse parte da elite, as forças armadas japonesas o apontaram como comandante-chefe da frota japonesa combinada e depois o promoveram a almirante. Ele não era considerado a opção mais adequada, tinha uma constituição física pouco robusta e, à época que foi promovido a coronel, todos imaginavam que já estivesse se encaminhando para a aposentadoria. Em vez disso, porém, ele conquistou o reconhecimento por demonstrar potencial para ser almirante; a sorte muitas vezes ficou do seu lado, ele tinha um caráter virtuoso e cumpria bem as ordens. Como resultado, quando o destino do país inteiro dependeu de sua decisão, Togo Heihachiro levou o Japão à vitória.

---

1. Conflito ocorrido no nordeste asiático entre o Império do Japão e o Império Russo, que disputaram em 1904 e 1905 os territórios da Coreia e da Manchúria.

Se outra pessoa tivesse sido nomeada para o cargo, o Japão poderia ter perdido a guerra. A nação foi bem-sucedida porque contou com o comando de Togo Heihachiro. O mesmo vale para todos nós: o sucesso depende de obtermos o apoio das pessoas certas.

Para tanto, é preciso observar bem as pessoas e reconhecer nelas a capacidade e o talento ou a sorte que elas possuem. Há um limite para o que você pode saber a respeito dos outros com base apenas em seus currículos, que podem informar a bagagem da pessoa e sua história, mas não conseguem revelar sua aura típica. Esta aura é definida de acordo com o recebimento ou não da ajuda do espírito guardião ou dos espíritos guias. Quem recebe tais ajudas celestiais é capaz de realizar um trabalho que transcende seus limites, pois contará com atuações diversas do mundo espiritual.

Quando alguém inspirado pelo mundo celestial assume uma posição de relevância, surgem muitas pessoas que lhe oferecem ajuda. E ocorre o oposto quando alguém possuído por maus espíritos é nomeado para uma posição de liderança. Este, por sua vez, passará a atrair pessoas sintonizadas com maus espíritos. Portanto, saber identificar a pessoa certa é fundamental. Outro fator para ser bem-sucedido é conseguir um colaborador que tenha afinidade com suas aspirações ou ideais, pois ele passará a ser uma força muito grande na sua vida.

Delegue tarefas e use seu tempo em trabalhos que só você pode fazer

A maioria de nós trabalha em uma companhia ou em algum tipo de organização. A chave para ter sucesso em um cargo de liderança dentro de uma organização é ser capaz de delegar tarefas aos outros. Mesmo que seja muito bom naquilo que faz, há um limite para o que você é capaz de fazer sozinho. Imagine o quanto mais você poderia executar com a ajuda de dez pessoas. Ou, então, em uma empresa com cem pessoas. Portanto, saber delegar é essencial.

Ao delegar responsabilidades, é preciso identificar as competências e o caráter de cada funcionário. Isso ajudará você a ver qual é a tarefa mais adequada para cada um e também quais tarefas estão acima da capacidade daquele subalterno.

É muito difícil para o seu subordinado executar com 100% de eficácia os serviços que você faria com perfeição. Entretanto, é preciso se conformar com isso. Se cada subordinado seu realizar de 70% a 80% do que você faria, o resultado no todo será bem maior do que aquele que você conseguiria sozinho.

Ao delegar bem, você ganha um tempo precioso, e pode usá-lo para se dedicar a atividades de alto nível e de alto valor agregado. No final, você conseguirá fazer bem mais ao delegar do que se estiver trabalhando sozinho.

Esse princípio de delegar tarefas também se aplica a organizações religiosas. Robert Schuller, um pastor cristão da Califórnia, que construiu a Catedral de Cristal, toda feita de vidro, afirmou que a chave para levar um empreendimento adiante é delegar tarefas a pessoas inteligentes, com habilidades que você não possui. Se tiver dinheiro para isso, você poderá empregar muitos funcionários inteligentes para fazer diferentes tipos de serviço, enquanto você se dedica ao trabalho que só você pode fazer. A função de Robert Schuller era preparar os sermões de domingo. Assim, ele empregava seu tempo em escolher um assunto, escrever seu sermão no sábado e apresentá-lo no culto de domingo – a única tarefa para a qual ele não poderia contratar outra pessoa para fazê-la em seu lugar.

A Catedral de Cristal foi um empreendimento de grande porte, que consumiu 20 milhões de dólares em sua construção. Uma obra dessa magnitude requer fundos, um projeto arquitetônico e a própria construção, seguidos pela manutenção e administração. Teria sido impossível para Robert Schuller supervisionar sozinho todos esses projetos e continuar a cumprir seu papel de líder espiritual. Então, esse pastor inteligente teve a ideia de contratar pessoas competentes que tinham capacidade para gerenciar esses projetos para ele. Isso lhe deu tempo para se concentrar na tarefa de extremo valor que só ele podia fazer. Ele sabia que poderia fazer isso desde que tivesse verba para contratar as pessoas certas. Sua ideia funcionou, e a Catedral de Cristal tornou-se realidade.

A maior parte das igrejas não consegue o mesmo sucesso da Catedral de Cristal porque a captação de recursos, a manutenção e os sermões são geridos pelo próprio pastor. Delegar trabalho é uma parte importante da administração das organizações religiosas, assim como em outros negócios e organizações. É possível realizar grandes empreendimentos contratando pessoas capazes e dirigindo-as bem. À medida que seus empregados forem obtendo sucesso, você também conseguirá ser bem-sucedido em empreendimentos cada vez maiores.

Dedique seu tempo a tarefas de elevado valor

Todos nós chegamos a um ponto da nossa carreira em que ficamos sobrecarregados, tal o número de tarefas que precisam ser feitas. Às vezes, este é um sinal de que estamos no limite da nossa capacidade. Outras vezes, descobrimos que somos capazes de ir muito além, mas nos sentimos perdidos. A solução é liberar mais tempo para nós mesmos, delegando atribuições que não exijam um salário tão alto quanto o nosso, e então dedicar esse tempo adicional a atividades mais difíceis e a novos desafios. Nossas responsabilidades aumentam com o passar do tempo. Quando temos coisas demais para fazer e nos sentimos sobrecarregados, é sinal de que nosso trabalho precisa de uma reestruturação. Uma revisão de tudo o que fazemos deverá revelar várias tarefas que podem ser passadas a outras pessoas. Precisamos apenas encontrar alguém que seja capaz de assumi-las. Mesmo que não tenhamos, de início, total confiança em sua capacidade, podemos dar-lhe uma oportunidade. E se virmos que a tarefa não é adequada àquela pessoa, poderemos adotar um plano B e passar o trabalho para outra.

Delegar tarefas libera uma quantidade de tempo notável. O propósito de conseguir mais tempo não é, certamente, poder desperdiçá-lo fazendo nada, mas procurar novas oportunidades, poder lidar melhor com trabalhos complexos e criar novos projetos que tenham o potencial de dar certo no futuro. Dar atenção a novas tarefas tem um valor muito grande porque abre possibilidade para lucros maiores. Isso pode levar não só a uma promoção, mas também a promoções para os seus subordinados.

Quando temos um bom desempenho em nosso trabalho, mas sentimos dificuldade em conquistar sucesso, talvez não estejamos delegando incumbências como poderíamos. Às vezes, ficamos apegados demais às atividades que realizamos e não conseguimos delegar. O limite da nossa capacidade torna-se o limite da nossa companhia ou do nosso empreendimento. Com isso, nossos subordinados acabam sendo subutilizados. Numa situação assim, acabamos nos limitando ao nível do nosso salário enquanto os subordinados não são devidamente aproveitados. Com frequência, mesmo as pessoas mais competentes cometem esse erro.

As pessoas capazes devem levar em conta essa tendência em sua trajetória ascendente na empresa, pois talvez venham a enfrentar essa situação em algum momento.

5
Agarre logo as oportunidades
Não desperdice uma circunstância favorável

A quinta regra do sucesso é agarrar as oportunidades imediatamente. Não há como saber quando uma ocasião favorável irá aparecer, mas as pessoas bem-sucedidas em todas as esferas da vida agarram-nas assim que surgem. Às vezes, as circunstâncias oportunas ficam um longo tempo sem aparecer. Mas quando uma finalmente surge, com frequência traz muito mais coisas com ela. O segredo é não ficar indeciso quando sua chance de sucesso por fim aparece.

Não deixe que as oportunidades de sucesso escapem das suas mãos. Como dizia um antigo ditado, a deusa do sucesso precisa ser agarrada pela franja da testa, porque ela não tem cabelo suficiente atrás para ser agarrada depois que passa. Pode parecer estranho uma deusa não ter cabelo atrás da cabeça, mas há verdade nesse ditado. Se só identificarmos o sucesso depois que ele tiver passado, será tarde demais. É muito comum as pessoas se arrependerem por não terem percebido um momento oportuno quando ele esteve bem à sua frente.

Quem tem percepção mais aguçada é capaz de farejar uma oportunidade antes mesmo que ela se apresente. Normalmente, porém, as pessoas só a percebem quando ela chega. E há um último grupo que só se dá conta depois que já se passaram de três a dez anos. Todos nos encaixamos em algum desses três tipos. Os indivíduos que são bons em aproveitar oportunidades conseguem agarrar a maioria delas, mas os que pertencem ao terceiro grupo habituaram-se a deixá-las escapar. Eles tendem a gostar de banho morno, um banho que nunca chega a esquentá-los de fato. Ficam com receio de sair do banho porque fora dele faz mais frio ainda, mesmo sabendo que podem pegar um resfriado se continuarem nele.

Tenha a coragem de descartar o velho para conquistar o novo

Muitos de nós temos dificuldade em nos desapegar de sucessos passados e tomar novas decisões. Precisamos deixar para trás as velhas realizações. Se ficarmos apegados ao que temos agora, nossas mãos estarão ocupadas demais para poderem agarrar novas oportunidades. Para obter sucesso, devemos parar de pensar no que queremos ter e começar a refletir sobre aquilo de que poderíamos abrir mão.

Para muitos, essa é uma decisão difícil, porque fazer uma escolha significa abrir mão de algumas oportunidades. Escolher uma ocupação significa abdicar de outras possibilidades, pelo menos por um tempo. Tomar a decisão de se casar quer dizer que você está escolhendo um parceiro ou parceira para a vida toda. Com isso, sacrifica as infinitas possibilidades que teria com outras pessoas de metade da população mundial e assume um compromisso com uma única pessoa. Mas, se você não renunciar a todas elas, irá perder a oportunidade de ter um casamento feliz. A característica típica de quem costuma perder oportunidades é não saber descartar. São pessoas apegadas às posses atuais e não são capazes de descartá-las.

Hoje, o forte relacionamento que se desenvolve entre filhos únicos e seus pais faz com que se torne difícil para esses filhos conquistar sua independência financeira e constituir a própria família. Porém, é preciso desistir de alguma coisa.

Para construir novos relacionamentos e uma nova vida, precisamos descartar aos poucos as coisas do passado. Há casos em que temos de ser ingratos. Muitos dos valores prezados por outros passam a ser conflitantes com os nossos. Para conquistar coisas novas, temos de abrir mão da parte velha de nossa vida. Quando formos idosos, poderemos nos arrepender por não termos dado esse passo e deixado de explorar possibilidades importantes.

Abrir mão do antigo para abraçar o novo é parte do princípio budista da fugacidade e do moderno princípio da inovação. Inovar nem sempre é conquistar o novo, é descartar sistematicamente o obsoleto. Em alguns casos, as portas para novos relacionamentos só irão se abrir quando nos livrarmos do velho. Quando passamos do primeiro para o segundo grau, temos de encerrar nosso relacionamento com os professores do primeiro ciclo. Quando arrumamos um emprego, perdemos os laços com os professores e amigos do colegial. Ao escolhermos algo novo, colocamos um fim àquilo que nos acompanhou por um longo período.

Iniciar a vida num novo lugar é como trocar de pelagem ou de pele. Para começar a vida em um mundo novo, nos livramos de nossa pele antiga e deixamos de compartilhar caminhos com velhos amigos. Ao passar da adolescência para a idade adulta, deixamos de ficar sob a guarda e o apoio de nossos pais. Damos início a um novo capítulo de nossa vida, passamos a nos sustentar sozinhos, a prover nossas refeições, arrumar um lugar para morar, viver com outra pessoa. Se não tivermos essa coragem de substituir os relacionamentos com as pessoas queridas de sempre por relações com novas pessoas que amamos, isso poderá resultar num futuro infeliz.

Portanto, esteja pronto para tomar decisões com rapidez quando as circunstâncias favoráveis surgirem. Não deixe que a indecisão faça com que você ande devagar porque, com muita frequência, essa lentidão poderá levá-lo a uma decisão equivocada. Ao contrário, procure sintonizar-se com as mudanças que estão ocorrendo. Se perceber que tem pela frente uma grande oportunidade na carreira, agarre-a. Se imagina que encontrou alguém que pode ser importante para o seu sucesso, não deixe essa pessoa escapar, não desista. Aqueles que se mostram lentos demais para agir têm maiores dificuldades para conquistar o sucesso, e todas as pessoas bem-sucedidas tiveram a coragem de agarrar as oportunidades que apareceram no seu caminho.

6
Desenvolva uma mente inabalável

É necessário mais do que uma mente aguçada para alcançar grandes metas

A sexta regra é ser paciente e ter uma mente inabalável. Geralmente, as pessoas oportunistas têm uma mente aguçada. Mesmo assim, elas nem sempre são bem-sucedidas. Muitas delas não conseguem ir além de determinado nível de sucesso. Talvez isso ocorra porque eles possuem um conjunto tão diversificado de talentos, interesses e capacidades que não conseguem desenvolver plenamente nenhum deles. Alguns desses indivíduos com vários talentos podem brilhar e obter muita coisa como estudantes universitários ou empregados, mas apesar de suas altas expectativas, às vezes não vão muito longe.

Hoje, há muitas organizações globais no Japão, e a língua inglesa é usada em toda parte: em empresas comerciais, bancos e companhias de marcas famosas. No entanto, as pessoas que ocupam altos cargos não são necessariamente fluentes em inglês. Os empregados que têm essa competência em geral são colocados em cargos especializados e atuam como guias para outras pessoas. Mas não são promovidos com muita frequência. Já aqueles que não são fluentes em inglês, mas que dominam o suficiente para falar e ler um pouco, tendem a ser promovidos para cargos mais altos da administração, e são capazes de demonstrar sua capacidade em sua ocupação principal.

Pessoas com talento excepcional devem delegar tarefas para ascender a cargos de gerência

Um fenômeno semelhante ocorre em outras profissões. Repórteres de prestígio raramente são promovidos a altos cargos. Muitos desses profissionais, que arriscaram a vida em campos de batalha como a Guerra do Vietnã, por exemplo, registrando notícias na hora em que aconteciam, não foram promovidos a cargos mais altos. Eles são reconhecidos por sua boa intuição para farejar histórias e por sua coragem em arriscar a própria vida, do mesmo modo que velocistas são reconhecidos por sua velocidade. Grandes repórteres podem ser excepcionais naquilo que fazem, mas é raro que sua capacidade seja usada para desenvolver a cultura de toda uma organização. Uma empresa de notícias não irá enviar alguém indispensável para um lugar perigoso como o palco da Guerra do Vietnã, onde poderia facilmente perdê-lo. Pessoas de valor inestimável, capazes de manter a companhia funcionando bem, serão mantidas na sede da empresa, em segurança, e receberão ofertas de promoção. Quando temos 20 ou 30 anos, a impressão é que aqueles que são como esses repórteres de renome, que vão lá buscar as notícias no local em que acontecem, estão à frente dos demais. Mas esses papéis se invertem quando temos 40, 50 anos, e vemos que aqueles que estavam em segundo e terceiro lugares começam a assumir os cargos mais altos.

Por ironia, aqueles que têm talento excepcional muitas vezes não desenvolvem suas capacidades em profundidade. Ao ficarem absorvidos demais no uso de suas aptidões, esquecem-se de desenvolver outras. Para trabalhar em cargos gerenciais é preciso ter a capacidade de criar equilíbrio entre as pessoas e fazer com que todos trabalhem bem juntos para alcançar grandes metas. Uma pessoa que consegue fazer muitas coisas por conta própria pode ter dificuldades em confiar e delegar tarefas aos outros. Isso limita o que ela pode realizar. Esses repórteres de renome terão dificuldade em treinar outros repórteres para que sejam também bem-sucedidos. Quando seus superiores os colocam para trabalhar em equipe com repórteres mais jovens, o mais provável é que eles passem a competir com os mais jovens em vez de ajudá-los. Se isso ocorrer, é quase certo que a administração achará melhor para a companhia que eles fiquem competindo apenas entre si. É assim que as pessoas que

• OS PRINCÍPIOS DO SUCESSO •

ocupam cargos mais altos têm lidado com grandes repórteres, que em geral acabam não ascendendo para cargos mais elevados.

Uma mente inabalável requer a força da perseverança

Para você chegar a ser o ator principal deve ter uma mente aguçada, talento e capacidade de tomar decisões rápidas, mas também precisa desenvolver paciência e força para perseverar. Os atores principais são como o tronco de uma árvore que resiste firme aos abalos; eles não perdem de vista a vitória mais ampla que estão tentando alcançar. Assim, mesmo que ganhem algumas batalhas e percam outras no nível tático, sua estratégia mais ampla acaba sendo vitoriosa.

Envolver-se em obter vitórias táticas não o levará muito longe. Por exemplo, um empresário de um clube de xadrez está num nível mais alto do que um jogador de xadrez que busca apenas aprimorar seu talento para conseguir vencer sempre. O dono pode não jogar bem xadrez, mas seu foco é outro: contratar um grande grupo de jogadores profissionais de xadrez para criar com eles seu negócio.

Ficar concentrado em vencer desafios pouco importantes, como o de desfrutar a emoção de fazer oscilar os preços das ações, diminuirá suas chances de vencer numa escala maior. Ter a mente aguçada e ser capaz de agir com rapidez são bons traços nos anos de juventude. Mais tarde, conforme ganhamos experiência, vemos a importância de perseverar. Ao começarmos a assumir projetos de maior porte, nos defrontamos com várias dificuldades. Vemos que algumas pessoas discordam de nós, e nem sempre conseguimos a cooperação de todos. Nesse caso, não devemos virar um ioiô emocional. É preciso aguardar e ter paciência. Perseverar e resistir. Com paciência e mais paciência, chegaremos por fim à vitória. O importante é desenvolver a força de realização persistindo por um, dois, três ou cinco anos.

É preciso esforço para desenvolver uma mente inabalável

A capacidade de ser bem-sucedido por meio da perseverança é algo que se adquire aos poucos. O sucesso que você alcança perseverando vai lhe trazer poder para perseverar ainda mais e chegar ao sucesso seguinte. Aqueles que têm uma mente aguçada costumam se apressar, o que pode transformá-los em ioiôs emocionais diante de pequenos sucessos. Isso enfraquece sua capacidade de perseverar.

Quanto mais aguçada a mente, mais frágil a perseverança. Embora pareça contraditório em relação ao princípio de não perder oportunidades, à medida que ganhamos experiência e ficamos mais velhos, chega uma hora em que precisamos fincar raízes firmes e profundas no solo, desenvolver um tronco mais forte e ficar cada vez mais altos. É preciso ter uma força inabalável, capaz de suportar as rajadas de vento mais fortes e as mais violentas tempestades. A árvore grande e firme passa a ser o porto seguro para dar conforto na hora da tempestade àquelas pessoas que se tornaram ioiôs emocionais por ficarem atrás de pequenas vitórias. Quem está no centro de tudo deve ser firme e ter uma mente inabalável. Precisamos ser perseverantes a fim de alcançar a vitória final, sem nos apegarmos às pequenas vitórias ou derrotas.

São as nossas experiências neste mundo que nos levam a desenvolver uma força inabalável. É útil saber que, se formos capazes de resistir a uma dificuldade com uma mente inabalável, então ganharemos força para perseverar e resistir à próxima.

As chances de sucesso são mínimas para aqueles que têm um raciocínio lento, uma visão curta e uma baixa capacidade de aprendizagem e de tomada de decisão. Mas, se você é uma pessoa inteligente e está tendo dificuldades em alcançar sucesso, é porque está lhe faltando a mente inabalável e a força da perseverança. Procure acumular esforço e perseverança para se tornar uma árvore sólida e inabalável.

Espere até o momento oportuno

A vida nem sempre é como velejar em águas calmas, mas constitui-se de um ciclo constante de bons e maus períodos. Não conheço ninguém que nunca tenha passado por dificuldades. Às vezes, pensamos estar no melhor momento de nossa vida, e no instante seguinte enfrentamos trechos bem difíceis. Grandes sucessos muitas vezes são seguidos por imensos fracassos. O ciclo regular de bons e maus momentos faz parte da vida, e temos de aceitar esse fato.

A vida é feita de biorritmos, com séries de sucessos e séries de fracassos. Quando nos vemos no meio de uma sequência de fracassos, o melhor a fazer é parar de lutar para obter o sucesso. Em períodos assim, nada vai funcionar bem, não importa o que você faça. Devemos nos sentar e esperar que essa parte do ciclo termine. No biorritmo da vida, há períodos oportunos para um grande sucesso e períodos oportunos para um grande fracasso. O segredo é esperar que o momento fique a seu favor.

Com muita calma, avalie se essa é a hora certa de jogar suas cartas. Se a maré da guerra está contra você, não é o momento ideal para travar uma batalha. Em vez de morrer inutilmente em batalha, é melhor recolher suas tropas, bater em retirada e esperar pacientemente que o tempo fique do seu lado. É difícil tomar essa decisão de bater em retirada. Quanto mais jovem a pessoa é, maior o desejo de continuar marchando em direção à morte, e quanto mais terreno ela perde, mais tenta lutar. Mas, quando sentimos que o momento não é propício, a melhor decisão é recuar e esperar a próxima oportunidade. Essa é a decisão de um general experiente, e pode ser difícil para os jovens. Mas desenvolver esse tipo de paciência e de discernimento é necessário para triunfar na vida.

No meio de um ciclo de fracassos, não há o que fazer exceto esperar alguns anos até que chegue a hora certa. Não é uma época propícia para lutar, mas para se preparar pacientemente para o futuro, juntar e desenvolver forças. Há períodos na vida em que não devemos jogar nossas cartas. Posso garantir que nenhum de nós terá sucesso se o tempo não estiver do nosso lado.

Se conseguirmos esperar pacientemente por dois ou três anos, isso provará que fomos feitos para grandes realizações. A maioria das pessoas tenta fazer algo precipitadamente. Há um método simples e antigo para salvar a própria vida em caso de afogamento. Não adianta ficar agitando os braços em pânico, isso só vai fazer você engolir mais água. Mas, se em vez disso você enfiar a cabeça debaixo d'água e ficar quieto, seu corpo acabará flutuando na superfície por si só, pois nosso corpo foi feito para

• As leis da invencibilidade •

flutuar. Ele tem uma densidade relativa de 0,9 em comparação com a água.

Essa é uma ótima analogia para quando você estiver num ciclo de fracasso. No meio das dificuldades, lembre-se de relaxar e permitir que você e a água formem uma unidade. Espere até que a própria água o faça flutuar na superfície. Isso é o que uma pessoa com experiência aprende a fazer. Mas você pode desenvolver essa mente inabalável acreditando nisso e se esforçando para viver de acordo com essa filosofia. Talvez precise ficar debaixo d'água por um ano ou três. Podem ser até cinco. Tente prever quantos anos serão, e então aguarde com paciência.

O que você pode fazer enquanto espera? Aproveite, viva cada dia ao máximo e depois faça um "x" em cima dele no seu calendário. Mantenha a mente em paz e simplesmente viva cada dia, um por vez. Tenha como objetivo fazer o que for possível hoje, desenvolver sua força e esperar que a hora certa chegue.

7
Escolha um parceiro de casamento adequado a você

Amor romântico e amor marital são coisas diferentes

A sétima regra é dirigida aos meus leitores mais jovens, e é sobre a escolha de seu cônjuge. A escolha de um parceiro tem um papel vital na estratégia do sucesso. Mas não é algo que faça parte do currículo escolar. Alguns pais podem dar conselhos úteis aos filhos, mas outros não têm nem ideia do que dizer a respeito. Esses conselhos não costumam ser os melhores, e muitas vezes estão totalmente equivocados. Os conselhos dos amigos geralmente limitam-se a provocações e piadas, por isso devem ser examinados com precaução. O casamento não é algo que dê muita margem a tentativa e erro. Ninguém quer passar por dois casamentos ruins até encontrar um que satisfaça; se possível, é melhor evitar isso. Portanto, escolher o parceiro certo para casar é algo difícil.

Para muitos de nós, o casamento é uma das primeiras grandes decisões que tomamos no início da fase adulta, além da escolha de uma faculdade e de uma carreira. Os jovens gostam de romantizar o amor

• AS LEIS DA INVENCIBILIDADE •

e seguem para onde sua atração os leva, quase sempre para homens e mulheres de boa aparência e populares. Eles não têm como resistir a isso. Portanto, é importante saber que o romance experimentado em relacionamentos antes do casamento e o amor entre duas pessoas casadas são coisas diferentes. No casamento, o amor romântico termina e se transforma em amor marital. Antes do casamento, tendemos a procurar um parceiro que compartilhe nossa paixão. Mas um parceiro de casamento é alguém com quem iremos compartilhar várias décadas de vida cotidiana.

Na maioria das vezes, o parceiro de um relacionamento passional não é a melhor opção para passar várias décadas juntos. Os jovens costumam sentir atração por pessoas com características e históricos diferentes dos seus. Idealizam seu objeto de afeto e se tornam cegos para os seus defeitos. Quanto mais ele ou ela for diferente de você, em personalidade e tipo de criação, e quanto mais seus amigos, família e mentores se opuserem ao seu relacionamento, mais você se sentirá atraído. Quanto piores forem as circunstâncias do seu amor, mais isso acrescentará combustível à sua paixão. Assim, quanto mais seu parceiro for o oposto do seu tipo certo de marido ou esposa, mais apaixonado você se sentirá.

O amor marital é completamente diferente. O casamento é uma estratégia de longo prazo para a sua vida, e pode durar dez, vinte ou trinta anos, com dias geralmente corriqueiros. Vamos pegar como exemplo os filhos. Vocês irão criá-los juntos ao longo de duas décadas. Uma relação marital é construída de modo semelhante a um edifício: a partir dos alicerces. Ao assentar os alicerces, não é possível ver a forma final do edifício – mas é por eles que você deve começar. Em seguida, você constrói as vigas, depois as paredes e, por fim, o telhado e a fachada. Cada parte da sua casa é construída, uma por vez, por um longo período.

A essência das mulheres está na estratégia de longo prazo

Os homens e as mulheres encaram o romance e o casamento de maneiras diferentes. Os homens acham mais fácil manter relacionamentos românticos de curta duração. Já as mulheres sentem-se melhor construindo relacionamentos duradouros, da mesma maneira que as aranhas tecem teias para capturar suas presas. As mulheres que buscam prazeres efêmeros nos relacionamentos não estão conscientes desse seu instinto básico, e com frequência assumem relacionamentos infelizes, pois estão procurando um tipo de amor que elas não desejam de fato.

A estratégia da aranha para capturar uma presa é de longo prazo. Ela tece sua teia com cuidado entre dois caules e fica no centro esperando pacientemente que um inseto caia em sua armadilha. Depois de capturá-lo, passa um bom tempo devorando-o, sem pressa. Uma mulher sente-se feliz de modo semelhante: construindo uma família ao longo de várias décadas, apoiando um marido que trabalhe muito, criando os filhos e vendo-os bem-sucedidos. É bem maior o número de mulheres que se sentem felizes vivendo em sintonia com esta parte delas, que deseja uma forma de felicidade de longo prazo. Um relacionamento físico de curta duração não é a fonte de felicidade para a maior parte das mulheres.

Por outro lado, os homens, em média, experimentam vários relacionamentos de curta duração e cometem vários erros. Os mais jovens, sobretudo, procuram relacionamentos como mariposas voando sobre qualquer coisa que brilhe. Têm muitas experiências de tentativa e erro em seus 20 e poucos anos, antes de começar a aprender com seus erros e desenvolver alguma sabedoria. Portanto, a maioria dos homens passa por esse processo de voar de lâmpada em lâmpada, de erro em erro, especialmente porque há pouquíssimos mentores em condições de dar-lhes um bom conselho. Além disso, sua maturidade emocional é totalmente desvinculada da inteligência. Homens inteligentes podem facilmente cometer erros básicos em relacionamentos, enquanto os que não são tão brilhantes costumam ser bem-sucedidos.

Vocês conseguem se imaginar passando o resto da vida juntos?

Portanto, num casamento ideal, o amor romântico será transformado em amor marital. Você deve ser capaz de se imaginar vivendo junto com seu parceiro pelo resto da vida. Você consegue se imaginar vivendo com essa pessoa dez, vinte, trinta anos? Gostaria que seu parceiro fosse a pessoa que estivesse ao seu lado despedindo-se de você no seu funeral? Essas são questões importantes, e você vai querer responder afirmativamente a elas. Mas, se por acaso você se descobrir dizendo "não" a elas, então seu relacionamento talvez seja um romance passageiro e não algo com possibilidades de durar. Um homem que não consiga imaginar sua parceira como uma mulher idosa em seu funeral provavelmente está à mercê da paixão cega de uma mariposa. Ambos precisam confiar que serão capazes de ficar juntos por um longo tempo.

Ao casar, é melhor que o seu relacionamento ainda esteja numa rota ascendente de paixão, porque então haverá uma viagem a dois. Alguns casais se casam no auge de seu relacionamento. Outros esperam alguns anos até adquirirem estabilidade financeira. Mas quando estão prontos no aspecto financeiro, a paixão quase sempre já desapareceu, e eles podem acabar se casando apenas por força das circunstâncias. Essas circunstâncias não irão produzir casamentos felizes.

Às vezes, cometemos também o erro de esperar a perfeição do nosso parceiro de casamento. Mas nem nós nem nosso parceiro podemos ser perfeitos. A perfeição não é a meta do casamento; o propósito é compartilhar a vida juntos, com apoio e compreensão mútuos.

Escolha alguém parecido com você em inteligência, traços físicos e caráter

Também há atributos mundanos a serem levados em consideração. Os casamentos são mais bem-sucedidos quando os dois parceiros têm um nível de inteligência equivalente. Se um gênio se casa com uma mulher muito bonita apenas por sua beleza física, pode descobrir depois que não consegue ter com ela uma conversação inteligente. Escolher um parceiro de casamento com base apenas em atributos físicos é um erro que os jovens muitas vezes cometem e que pode resultar em um relacionamento infeliz. Já que vocês irão viver juntos por bastante tempo, seu parceiro deve ser alguém com quem você possa manter uma boa conversa, mesmo que não seja a pessoa mais bonita que você conhece. Você precisa confiar que ainda irá amá-la daqui a dez anos, quando a beleza dela já terá declinado com a idade.

Em geral, esse aspecto não é mencionado quando se fala de casamento, mas também é bom ter traços físicos compatíveis, como altura, peso e tipo físico. Uma diferença muito grande nos atributos físicos pode criar tensões na vida cotidiana. Se um marido que tem 1,90 metro de altura fica sempre brincando que não consegue localizar a esposa, que tem 1,40 metro, a longo prazo isso pode tornar as coisas difíceis. O mesmo vale para um marido que precise sempre olhar para cima para poder conversar com sua esposa bem mais alta. Um homem magrinho e uma mulher toda musculosa, que vai todo dia à academia, podem não ser uma boa combinação também. Os casais às vezes não notam os problemas associados a diferenças físicas muito acentuadas enquanto estão namorando, mas isso vai pesar quando começarem a viver juntos. É bom evitar escolher alguém muito diferente de você e não fazer a escolha com base apenas em atributos como a boa aparência e a inteligência. O equilíbrio de similaridades é mais importante.

A combinação entre as duas personalidades é outro aspecto a ser levado em conta. Pode ser difícil determinar se a personalidade de ambos de fato combina. Alguns romances se desenvolvem a partir de uma atração entre personalidades parecidas, e outros entre personalidades opostas. As diferenças entre os membros de um casal podem levar a uma forte atração passional, que será positiva se as diferenças compensarem os defeitos de ambos; no entanto, não irá funcionar se as forças e fragilidades do casal entrarem em conflito.

Ter crenças religiosas similares

As diferenças de crença religiosa são outra circunstância que costuma dificultar a convivência do casal. Pode ser particularmente difícil quando um dos membros do casal é profundamente espiritualizado e o outro é ateu. E também quando cada um segue uma religião diferente, como o islamismo e o cristianismo. Alguns se sentem atraídos por quem é diferente, então um casal formado por um cristão e uma muçulmana pode decidir ignorar os protestos da família e amigos e fugir para se juntar. Mas os casamentos bem-sucedidos em geral são entre pessoas com crenças religiosas e valores semelhantes, pois isso cria relacionamentos de longo prazo mais felizes.

Há vários níveis de consciência espiritual; basicamente, há níveis altos, médios e baixos. Cada um deles, por sua vez, pode ser subdividido em alto, médio e baixo, o que produz um total de nove níveis. Se pessoas com níveis análogos de consciência se juntam – digamos, um homem de nível alto-alto e uma mulher de nível alto-médio, ou uma mulher de nível médio-alto e um homem de nível médio-baixo –, eles provavelmente poderão se comunicar sem problemas. Mas, se os níveis de consciência forem muito discrepantes, haverá dificuldades. Por exemplo, se um homem do nível alto-alto decide se casar com uma mulher de nível baixo simplesmente por sua bela aparência, talvez não sejam felizes juntos. Ter crenças diferentes e níveis de espiritualidade muito distantes pode criar grandes problemas a longo prazo. Uma pessoa materialista e outra devota cristã podem ter um relacionamento bastante intenso na faculdade e passar muitas horas estudando juntos, mas vão descobrir que têm menos coisas em comum à medida que o parceiro cristão for levando adiante sua vida religiosa. Isso ocorre porque eles irão para lugares diferentes após a morte. Se as pessoas vieram de partes muito diferentes do outro mundo, talvez seja difícil um casamento feliz.

Um parceiro para um casamento bem-sucedido

Se você é homem e quer escolher a parceira certa para você, antes de tudo ela deve ser alguém com quem você possa se imaginar vivendo. Depois, há dois tipos de mulheres com as quais você pode ter um casamento feliz. O primeiro é uma mulher que apoia seu trabalho e é capaz de compreendê-lo o suficiente para ser sua assessora. Seu relacionamento com ela será baseado em uma forte amizade. O segundo tipo de mulher pode não ter condições de lhe dar essa assistência no trabalho, mas será capaz de cuidar bem da casa. Será uma boa dona de casa independente, que irá livrá-lo de se preocupar com questões domésticas. Um casamento com qualquer desses dois tipos de mulher será muito bem-sucedido.

Também há casamentos que funcionam bem entre uma mulher que tenha uma carreira e um marido que não trabalhe em emprego fixo. Às vezes, os casais já decidiram adotar essa forma de casamento no outro mundo, antes de nascer. Nos casamentos em que os dois trabalham e a mulher quer alcançar grandes realizações na carreira, as coisas podem se complicar, a não ser que o casal conte com alguns recursos. Esse tipo de casal será bem-sucedido se tiver boas condições financeiras para contratar uma empregada e outros serviços e puder gastar em certos equipamentos. Por exemplo, se a mulher colocar grande ênfase na carreira, o marido precisará ter uma renda alta e o casal deverá contar com recursos financeiros para contratar uma empregada e uma babá. Ou, então, precisarão da ajuda dos pais para criar os filhos e tomar conta deles.

No entanto, o relacionamento fica difícil se ambos possuem renda mas dependem do salário da mulher para pagar o aluguel da casa. Nesse tipo de situação, o casamento será mais bem-sucedido se a esposa, por exemplo, largar o emprego, desde que a renda do marido seja suficiente para pagar o aluguel. Casais em que os dois têm renda podem também ficar mais vulneráveis a casos extraconjugais. Portanto, escolher o parceiro de casamento certo é muito importante para ter uma vida feliz e bem-sucedida.

8
O verdadeiro sucesso

Abordei os sete princípios básicos do sucesso por diversos pontos de vista. São princípios como ter aspirações corretas e escolher o parceiro certo para se casar. Todos eles baseiam-se, em última análise, no princípio fundamental da Happy Science. Esse princípio consiste em almejar um tipo de sucesso que, além de tornar sua vida a melhor possível, também contribua para que o mesmo ocorra com a vida dos outros e traga algo de bom para o mundo. Se sua aspiração for desse tipo, o auxílio das pessoas à sua volta e dos espíritos celestiais acima de você irá se fazer presente. Assim, quando você estiver diante de algum conflito, procure certificar-se de que não está agindo com egoísmo. E se, apesar disso, as coisas não caminharem bem, então é só aguardar a chegada do tempo certo. Além disso, não confie apenas em suas capacidades. Lembre-se de que você precisa da ajuda de seus colegas e dos membros da sua família, que, com diferentes recursos, irão ajudá-lo a alcançar o verdadeiro sucesso.

Capítulo 2

Como ser vitorioso nos confrontos

~ O segredo do sucesso duradouro
na vida e nos empreendimentos ~

1
A vida é uma sequência contínua de batalhas

Todas as decisões ou ações resultam em vitórias ou derrotas

Vencer e perder constituem uma grande parte da espiritualidade, embora raramente se aborde esse assunto no contexto religioso. A vida tem felicidades e infelicidades. As organizações e sociedades passam por fases boas e más. As nações enfrentam constantes mudanças, altos e baixos, períodos felizes e infelizes. De certo modo, são essas as batalhas da vida. As decisões cruciais que tomamos e as ações que empreendemos nos momentos decisivos têm desfechos que determinam nossa felicidade ou infelicidade, como indivíduos ou organizações. Então, gostaria de expor minha filosofia para sermos vencedores nessas batalhas.

A maioria de nós vai enfrentar apenas uns poucos momentos decisivos ao longo da vida, mas, examinando com mais atenção, todo dia é uma batalha. A vida é uma sequência contínua de batalhas, uma coleção de vitórias e derrotas cotidianas. Será que passamos o dia de hoje de uma maneira significativa? Será que podemos considerar como sucessos ou como fracassos as decisões que tomamos, a filosofia pela qual nos orientamos, a maneira de pensar que adotamos, as ações e as interações humanas que tivemos hoje? Podemos enxergar a vida como uma corrente cujos elos são cada um dos dias que vivemos, e ver a sociedade como a complexa interação da vida de inúmeras pessoas.

Costumamos pensar nas batalhas como algo que revela um vencedor e um perdedor. Mas a verdade é que, se cada qual for vencedor na sua vida, ambos poderão ser vencedores. Se olharmos para a competição entre dois funcionários de uma companhia em busca de promoção ou aumento de salário, veremos que um deles ganha e o outro perde. No entanto, quando adotamos uma perspectiva mais ampla, compreendemos que a companhia como um todo está tendo uma melhor oportunidade de vencer seus competidores quando mais empregados competentes são promovidos a cargos mais altos.

Alguns podem achar que todo mundo seria mais feliz se fôssemos todos iguais e ninguém tentasse passar à frente dos outros, ter novas ideias ou fazer um bom trabalho. Poderíamos tentar criar uma cultura empresarial na qual ninguém nunca pudesse "ganhar" de ninguém. Porém, mesmo que o propósito disso fosse evitar que alguém se sentisse infeliz, uma companhia assim, onde ninguém ganhasse nem perdesse, seria um lugar onde todos no final seriam derrotados.

Um lugar assim perderia dos concorrentes e iria à falência. Uma organização requer pessoas excelentes que possam fazer descobertas extraordinárias, ter novas ideias, oferecer ótimas sugestões e criar novos postos de trabalho – mesmo que seus colegas e superiores não apreciem suas contribuições. De certa forma, podemos achar que algumas pessoas são derrotadas como resultado disso. Mas, numa perspectiva mais ampla, vemos que o trabalho de pessoas excepcionais ajuda a companhia a ser bem-sucedida em relação à concorrência, e isso faz com que todos ganhem seu quinhão de vitórias.

A ascensão e a queda das corporações e o princípio da seleção natural

O sucesso de uma empresa pode resultar na derrota de uma concorrente. O sucesso de um produto pode provocar a destruição de uma marca rival. Essas perdas são tristes, porém quando ampliamos nossa perspectiva e colocamos o foco não só na concorrência entre companhias, mas na sociedade como um todo, compreendemos que o crescimento e o declínio dos negócios fazem parte do princípio da seleção natural, e sobrevivem aquelas que são uteis à sociedade.

Os consumidores se beneficiam com a sobrevivência de companhias que oferecem melhores produtos e serviços e com o desaparecimento daquelas que oferecem produtos e serviços ruins. Alguns anos atrás, os correios japoneses não aceitavam pacotes que não tivessem as dimensões que eles estipulavam. Isso era um inconveniente para os clientes. Ninguém conseguia memorizar quais eram as dimensões corretas, e era um transtorno ter de levar de volta para casa o pacote rejeitado e refazê-lo. Como os clientes pagavam pelo serviço, não parecia justo que se sentissem frustrados por essa regulamentação. Então, começaram a surgir empresas de remessa particulares. Elas aceitavam pacotes de todas as medidas e ofereciam serviços adicionais, como coleta em domicílio e despacho no mesmo dia. Isso forçou os correios a eliminarem as restrições de medidas, e também fez com que seus funcionários se tornassem mais educados e gentis. No final, porém, depois de lutarem para se manter no mercado, os correios acabaram sendo privatizados. É uma realidade dura, mas os clientes sentem-se gratos por essas companhias privadas terem crescido e sobrevivido, oferecendo melhores serviços.

Negar o confronto leva à estagnação

Em escala local, o confronto cria vencedores e perdedores, mas numa escala mais ampla, ela contribui para o desenvolvimento da sociedade. Não se deve negar esse aspecto da competição. Um mundo onde não haja vencedores nem perdedores pode parecer ideal, mas só seria possível se ninguém tivesse ambição. A verdade é que, num mundo como este, todos teriam parado de tentar evoluir. Estariam todos derrotados, estagnados. É bom que as companhias enfrentem falências e que os empregados encarem demissões. Muitas pessoas podem sofrer em seus esforços para vencer na vida e no trabalho, mas, de uma perspectiva macro, todos no final estarão evoluindo em direção a um crescimento.

Hoje, as guerras não são tão brutais, nem uma ameaça tão grave à vida como antes. A maioria de nós não irá mais verter sangue ou morrer numa batalha de verdade. Em vez de lutar em guerras, lutamos agora em competições econômicas e acadêmicas, mais brandas.

O fato é que não existe um perdedor na competição econômica, pois o vencedor oferece condições favoráveis às pessoas que, no final, também irão beneficiar o perdedor. Ter vários candidatos em uma eleição significa que todos, exceto o vencedor, irão perder. É uma decepção imensa para os que perdem não só a eleição como as fortunas que gastaram nas campanhas. Alguns políticos contraem dívidas de milhões de dólares. É uma tragédia terrível para os políticos derrotados, mas uma boa notícia para os cidadãos, que têm mais opções de candidatos. Quanto mais acirrada a disputa, maior a possibilidade de eleger um bom representante. Seria mais triste ver o mesmo representante reeleito só porque ninguém quis correr o risco de perder.

As vitórias e derrotas são parte da inovação

O processo de ganhar e perder constitui, na realidade, um caminho para a felicidade. É também um princípio de inovação. Tempos atrás, ganhava-se a batalha matando o general inimigo, e perdia-se quando o próprio líder era morto. Portanto, os generais e líderes eram mortos com frequência em batalha e precisavam ser substituídos por pessoas que haviam lutado sob seu comando. Era assim que a inovação ocorria na era feudal.

Hoje, as inovações têm lugar nos campos de batalha das companhias por meio da avaliação das capacidades. Algumas empresas competitivas e de rápido crescimento muitas vezes promovem seus funcionários a cargos acima do de seus superiores. Num cenário extremo, aquele que outrora foi o vice-presidente da companhia pode se tornar subalterno de um profissional que ele mesmo contratou. Ninguém mais perde a vida; em vez disso, há com frequência um intercâmbio de posições. As vitórias e derrotas entre indivíduos são um sistema que permite preservar os fortes e garante que a companhia irá vencer a luta com a concorrência.

Encare seus problemas como batalhas da vida

A vida é uma sucessão de batalhas, e nossa meta deve ser vencer sempre, como indivíduos e como organizações. Mesmo que não seja possível vencer, podemos descobrir maneiras de lutar que nos ajudem a evitar uma derrota. Em vez de nos concentrarmos em achar a solução de um problema, com o intuito de sermos felizes ou evitarmos a infelicidade, podemos encarar cada problema como parte das batalhas da vida. "O que fazer para vencer esta batalha da vida? Quais decisões e ações me levariam à vitória e me tornariam vencedor?" Ao pensarmos sob essa ótica, supreendentemente, seremos capazes de pensar de modo racional e frio.

Olhar para cada situação como uma das batalhas da vida faz com que encaremos friamente os possíveis danos da batalha, pois estes são inevitáveis. Portanto, encarar um problema como uma das batalhas da vida nos permite buscar maneiras racionais de obter os melhores resultados com o menor dano possível. Isso nos ajudará a reduzir o número de opções e decidir pela melhor delas. Começaremos a ver, no meio da confusão, qual é a decisão correta.

O fato de nos sentirmos obrigados a certas condutas pode nos colocar numa armadilha e tornar impossível encontrar uma saída. Nessa hora, devemos nos distanciar de nossas emoções, definir qual é de fato a batalha da nossa vida e conceber uma maneira de vencer.

Os jogadores de xadrez às vezes sacrificam um de seus peões para poder capturar um peão do oponente. Na vida, se um "peão" é muito valioso para nós, podemos sentir dificuldade em abrir mão dele. Mas às vezes abrir mão é a melhor maneira de encarar o desafio que temos pela frente. Se, na hora em que tivermos de tomar uma decisão importante, conseguirmos nos distanciar um pouco de nosso apego emocional e abordarmos a situação como uma batalha a ser vencida, poderemos com frequência encontrar a solução para a situação com uma facilidade surpreendente.

2
Prepare-se para o futuro

Pense na vitória final

Existem épocas em que precisamos fazer sacrifícios para conseguir grandes resultados. Alguns momentos decisivos na vida requerem abrir mão de alguma coisa. É disso que tratam o conceito budista do desapego e o conceito militar que propõe fazer algum sacrifício a fim de vencer a batalha. Às vezes, é possível sacrificar uma isca, ou fingir derrota para atrair o inimigo, ou usar táticas de dissimulação. Mesmo que essas ações tragam algum dano às nossas forças, são um sacrifício necessário para obter a vitória. Há maneiras de ser vencedor mesmo com algum prejuízo. Esse é um recurso importante para tomar grandes decisões na vida, por exemplo, sobre a escolha da faculdade, com quem casar, qual carreira seguir, porque precisamos criar um equilíbrio sutil entre vida privada e vida pública, entre as questões familiares e aquelas relacionadas ao trabalho.

Se há dois superiores que querem lhe dar uma promoção, é importante que você escolha aquele que será o vencedor no final. Mesmo que seu superior anterior o tenha em alta consideração, se o novo superior for mais capaz, você deve tentar prever qual dos dois chegará à vitória final. Se escolher o superior que irá perder, você também perderá. Escolher um parceiro de trabalho é uma decisão importante. É difícil tomar a decisão certa com base na compaixão.

Por exemplo, o fato de o Japão ter escolhido se aliar ao lado mais fraco, a Alemanha, foi a provável razão de sua derrota na Segunda Guerra Mundial. Os japoneses consideravam a Alemanha uma nação forte porque desfrutava de supremacia industrial, e supervalorizaram a força desse país. Embora vivesse um rápido crescimento, ainda era uma nação fraca, que há pouco tempo começara a se reconstruir após sua derrota na Primeira Guerra Mundial.

Se os japoneses tivessem feito uma análise política e econômica correta da guerra e tivessem previsto que não seriam capazes de derrotar os Estados Unidos por meio de uma aliança com a Alemanha, teriam decidido não entrar na Segunda Guerra Mundial. Mas entraram no conflito acreditando que iriam ajudar as potências do Eixo a vencer. Isso mostra o quanto é importante se aliar aos vencedores.

• COMO SER VITORIOSO NOS CONFRONTOS •

As decisões dos líderes devem levar à felicidade

Tanto os americanos quanto os iraquianos tinham motivos para iniciar a Guerra do Golfo[1], e nenhum dos lados apresentava razões que se mostrassem muito mais justificadas que as do outro. A justificativa dos americanos para o conflito era libertar o Kuwait do jugo de Saddam Hussein. Mas o Kuwait era governado por um grupo da realeza local que detinha mais de 90% da riqueza do país e controlava o seu petróleo. Não podemos dizer que o Kuwait fosse um país digno de admiração, e do ponto de vista de um país democrático, não era um país que se devesse tentar salvar. Mas os americanos decidiram lutar para impor a lei internacional e evitar que o Iraque invadisse outras nações.

Os iraquianos, porém, tinham suas razões para invadir o Kuwait. Primeiro, o Kuwait era governado por um pequeno grupo que controlava toda a riqueza. Segundo, os iraquianos acreditavam que o Kuwait estava roubando seu petróleo. Como as reservas de petróleo estão conectadas no subsolo, os iraquianos alegavam que talvez o Kuwait estivesse bombeando mais petróleo do que eles. Como o Kuwait vinha

---

1. Conflito militar ocorrido no golfo Pérsico de agosto de 1990 a fevereiro de 1991. Foi travado entre o Iraque e forças da coalizão internacional, que, liderada pelos Estados Unidos, autorizou o uso da força militar para libertar o Kuwait, ocupado e anexado pelas forças armadas iraquianas sob as ordens de Saddam Hussein.

perfurando muitos poços e obtendo uma superprodução, o Iraque não conseguia mais limitar sua produção a fim de regular e elevar o preço do petróleo. Isso provocou uma sensível queda na riqueza nacional do Iraque. Claro, seria possível resolver a questão por meios diplomáticos entre Iraque e Kuwait, mas isso não anula o fato de que os iraquianos tinham também suas razões.

Em situações desse tipo, o Japão deveria ter-se aliado ao lado que iria vencer a guerra. Aliar-se ao país que está em vias de ser derrotado faria o povo japonês sofrer. Portanto, se o líder da nação acredita que os Estados Unidos será o vencedor da Guerra do Golfo, é seu dever aliar-se a esse país.

É raro haver uma linha divisória clara entre o bem e o mal. Os indivíduos têm diferentes valores e maneiras de pensar, e o mesmo se aplica às sociedades e aos países. Os dois lados de qualquer conflito sempre têm seus motivos e justificativas. Os argumentos variam conforme a ênfase que cada um dá aos seus conceitos e valores. Não existe um lado completamente bom e outro completamente mau.

Em última análise, os líderes devem tomar decisões que não levem seu povo à infelicidade. Sua responsabilidade é nortear-se pelo futuro da população, não por suas emoções ou valores pessoais. Sua decisão deve garantir a preservação de seu povo. Os líderes de uma empresa podem enfrentar pressões para preservar as tradições e maneiras de pensar da própria companhia, mas em uma crise talvez precisem ter a coragem de abandonar o velho. A filosofia fundadora e a tradição de uma companhia são como a Constituição de uma nação ou os ensinamentos de uma religião. Há muitas companhias que desapareceram porque ficaram apegadas demais ao velho. Em certas épocas, as tradições devem ser deixadas de lado para proteger o empreendimento da destruição.

Preveja o futuro

É responsabilidade dos líderes manter os olhos no futuro, não se deixar dispersar pelas batalhas que surgirem adiante, e certificar-se de que serão vencedores no final. Eles devem ser capazes de enxergar o futuro, preparar-se para o que têm à sua frente e certificar-se de que não vão tomar decisões equivocadas. Devem se preparar para vencer e observar a situação presente, avaliando com muito cuidado sua própria força em comparação com a do seu oponente, analisando se podem vencer ou perder, e se a hora é oportuna ou não.

Os preparativos para o futuro respondem por 80% a 90% de nossas chances de vitória. Os resultados da batalha podem ser previstos, pelos menos a maior parte deles, fazendo-se uma análise correta futurológica e providenciando os preparativos adequados. Sem esses preparativos, estaremos nos encaminhando para a derrota. Os japoneses foram derrotados na Segunda Guerra Mundial porque não se prepararam para uma guerra de longa duração. Estavam prontos apenas para incursões e ataques-surpresa, que funcionavam bem em batalhas curtas. Eles planejaram vencer a guerra por meio de uma trégua de paz e não tinham condições de enfrentar uma guerra prolongada contra um país com poderio industrial e amplos recursos naturais. Quanto mais a guerra se estendia, mais certa era a sua derrota. Os japoneses deveriam ter feito maiores gestões no nível diplomático, cálculos mais cuidadosos e realizado uma previsão mais acurada do futuro.

As táticas de surpresa funcionam apenas enquanto são surpresa

Uma das razões para a derrota do Japão na Segunda Guerra Mundial pode ter sido a força esmagadora que a nação demonstrou durante a Guerra Russo-Japonesa. Togo Heihachiro conquistou uma grande vitória numa batalha crucial contra a Frota Russa do Báltico, usando uma manobra naval chamada "cruzar o T". Foi uma vitória decisiva, que levou a Rússia à derrota final. Devido a esse sucesso, os japoneses podem ter subestimado o valor da preparação e confiado demais em manobras destinadas a obter uma vitória imediata. O lado mais forte geralmente acaba vencendo quando a guerra se estende por várias batalhas. Às vezes, um lutador de sumô iniciante é capaz de vencer um grande campeão, mas isso só acontece muito raramente. Portanto, para vencer a Segunda Guerra Mundial, os japoneses deveriam ter colocado como objetivo obter uma série consistente de vitórias ao longo de uma guerra de grande duração, em vez de ter em vista vitórias isoladas de curto prazo.

"Cruzar o T" é uma tática naval de surpresa, que o próprio nome descreve bem. Togo Heihachiro manobrou e dispôs seus navios de guerra numa linha horizontal diante da linha vertical da frota inimiga. Com isso, as laterais da frota japonesa ficaram expostas à parte dianteira dos navios de guerra russos. Lutar de frente limitou o poder de fogo russo às armas situadas na proa de seus navios. "Cruzar o T" permitiu a Togo Heihachiro aumentar seu poder de fogo fazendo uso de armas localizadas nas laterais de seus navios. Foi uma manobra de alto risco porque, ao expor toda a extensão dos seus navios, se estes fossem atingidos muitas vezes pelo fogo russo a frota inteira poderia ser destruída. Portanto, a frota precisava de uma formação forte e de um *timing* perfeito para desferir um assalto localizado. Como essa tática nunca fora usada na história da guerra naval, a Frota do Báltico foi pega desprevenida, o que contribuiu muito para a vitória japonesa. É preciso ser um gênio para propor uma manobra como essa, mas não é uma tática que possa ser usada com frequência.

As táticas-surpresa são valiosas para desafiar um grande adversário. As táticas já conhecidas são ineficazes contra oponentes fortes, portanto o segredo é usar uma manobra que o oponente nunca tenha visto antes. Com o tempo, porém, o adversário fica familiarizado com seu método e pode até adotá-lo. A essa altura, fica difícil prever quem vai vencer.

Os métodos de surpresa constituem uma estratégia útil para um competidor mais fraco que desafia outro mais forte, mas as surpresas funcionam só uma vez, e podem ser imitadas. São eficazes quando usadas na hora certa e somente quando não revelam tudo ao inimigo. Se o concorrente mais forte adotar os métodos do mais fraco, aquele que é maior e mais forte será o vencedor.

3
Analise os pontos fortes e fracos de seu concorrente

Uma estratégia adotada por uma escola particular

As táticas-surpresa também podem ser utilizadas por escolas. Houve um ano em que mais de cem alunos da Escola Colegial Nada – uma das melhores do Japão – conseguiram entrar na Universidade de Tóquio (considerada a mais prestigiada universidade japonesa). Esse imenso sucesso foi alcançado quando a escola converteu o currículo da 12ª série em um programa de vestibular.

A Nada aproveitou o fato de ser uma escola integrada que abrange desde a 7ª até a 12ª série e criou um currículo que permitia aos alunos concluírem o programa integral da escola já na 11ª série. Ou seja, eles concluíam o currículo da 9ª série na 8ª, e o da 12ª na 11ª série.

Com isso, podiam dedicar o último ano inteiramente a uma preparação para o vestibular. Seus exames na metade do ano e os exames finais já tinham as características dos vestibulares para a Universidade de Tóquio.

• As leis da invencibilidade •

No entanto, outras escolas particulares logo adotaram isso, e aos poucos derrotaram a Nada. Por outro lado, as escolas públicas de ensino médio, inclusive aquelas com melhor pontuação no Japão, começaram a ficar atrás de muitas escolas particulares. O Ministério da Educação proibiu suas escolas de promover essa aceleração em seu currículo, e as escolas públicas não puderam implantar o novo sistema.

O número de alunos na Universidade de Tóquio provenientes da escola pública caiu de forma constante. Os estudantes da 12ª série de escolas particulares estavam tão bem preparados para o vestibular quanto os estudantes da escola pública que haviam se formado e passado mais um ano fazendo o curso pré-vestibular para entrar na Universidade de Tóquio.

De acordo com os princípios da guerra, aqueles que merecem vencer têm vencido, e os que merecem a derrota têm sido derrotados. Embora aquela escola tivesse sido capaz de uma grande vitória em determinado ano, essa vitória não durou muito. Seu lugar no topo logo foi tomado por outras escolas que também adotaram o método. Enquanto isso, outras escolas que não conseguiram se adequar adotando o mesmo método foram ficando para trás e sendo derrotadas.

Como esse método foi muito bem-sucedido, alguns distritos educacionais pensaram em criar escolas públicas integradas com séries mistas, da 7^a à 12^a. Mas juntar 7ª com 8^a, 9ª com 10^a e assim por diante só funciona se o currículo puder ser acelerado. E se as escolas públicas com séries mistas tivessem permissão de acelerar seu currículo, então as demais escolas de ensino médio também iriam querer acelerá-lo. Para não provocar inveja nas demais escolas, o Ministério da Educação não poderia dar permissão especial exclusivamente às escolas integradas com séries mistas, então as escolas públicas não teriam como acelerar seu currículo. Portanto, mesmo que se criassem escolas públicas integradas, o resultado acadêmico não melhoraria e este plano estaria fadado ao fracasso. Isso é absolutamente previsível. Do ponto de vista estratégico e segundo os princípios da guerra, esse plano obviamente não seria bem-sucedido.

Uma observação adicional: essa estratégia, no geral, é baseada na premissa de que uma preparação precoce leva ao sucesso, mas os alunos que têm melhor desempenho com um método de estudo baseado na revisão de conteúdos aprendem melhor se o currículo tiver um ritmo mais lento. O currículo mais lento tem ainda o benefício de se complementar com os estudos do curso pré--vestibular, portanto esses estudantes têm maior rendimento ao frequentarem uma escola pública.

Os pontos fracos e fortes são lados de uma mesma moeda

Analisar os pontos fortes e fracos do seu rival é fundamental como preparação para o futuro. As escolas secundárias devem adotar currículos que estejam funcionando bem em outras escolas, e o mesmo se aplica a programas de cursos pré-vestibulares. Se alguma coisa que o concorrente implantou está funcionando bem, então é senso comum que seja adotada.

Um estudo das fragilidades de nossos concorrentes também nos fornecerá pistas valiosas. Os pontos fortes e fracos são com frequência como dois lados de uma mesma moeda. Se um cursinho pré-vestibular publica uma apostila de alto nível acreditando que ninguém fará melhor, poderá sofrer um ataque de cursinhos concorrentes. Por mais extraordinária que seja a apostila, se ela estiver acessível a qualquer um, bastará fazer uma pesquisa para preparar um ataque estratégico focado nos seus pontos fracos. Obviamente, o concorrente poderá crescer se fizer um ataque concentrado em novas tendências que aquela apostila não atenda.

Essa é uma boa maneira de usar a estratégia de nicho de mercado. Estratégia é isso. Será derrotado quem falhar no modo de realizar o contra-ataque à estratégia do oponente.

A estratégia errada resultará em derrota. Um curso preparatório escolheu uma sede perto da Universidade de Tóquio, em Komaba. Isso pôde ajudar a escola a atrair muitos estudantes que queriam entrar nessa Universidade. No entanto, se o currículo não for de alto nível, poderá ser derrotada pelo concorrente que oferecer um currículo melhor.

Escolas, cursinhos e empresas sempre travam batalhas, semelhantemente às guerras que ocorriam na Idade Média. Essas batalhas melhoram a sociedade, pois oferecem um número cada vez maior de produtos e serviços úteis. Alguns podem acabar sendo derrotados e desaparecer, mas isso contribui para o aprimoramento da sociedade como um todo.

Conhecer os pontos fortes e fracos dos seus concorrentes irá ajudá-lo a se preparar para o futuro. Se você ficar conformado com seu atual nível de lucro e de sucesso, isso só vai servir para uma derrota mais tarde. Você não pode achar que aquilo que está funcionando com sucesso nesse momento nunca será copiado por seus concorrentes.

Mantenha o segredo do seu sucesso

Você precisa ter uma estratégia pronta antes que seu concorrente comece a imitá-lo. Em geral, sempre que um produto ou serviço se torna um grande sucesso, surgem imitadores. Se você ficar esperando que os imitadores apareçam para só então conceber um plano, será tarde demais. Seu prato deve conter um ingrediente secreto, que lhe dê aquele sabor diferente, ou seu produto deve ter aquele algo especial que ninguém mais seja capaz de reproduzir.

Parte da razão pela qual um produto é bem-sucedido precisa ser óbvia para todos, mas outra parte dele deve ser difícil de imaginar, a fim de protegê-lo contra a concorrência. Quanto mais rápido um segredo puder ser descoberto, mais rápido você será derrotado e perderá lucros. Quanto mais as pessoas demorarem a descobrir o segredo, por mais tempo você conseguirá manter o monopólio do mercado. Quando for descoberto, o concorrente virá com ação de combate e lhe tirará o lucro obtido graças ao seu pioneirismo.

Quando você desenvolve um produto que tem uma boa possibilidade de se tornar um grande sucesso, você precisa avaliar quanto tempo vai levar para que a concorrência o imite, e considerar que as chances que eles têm de derrotá-lo aumentam se tiverem um capital considerável. Você não vai querer deixar que eles descubram seu segredo com tal rapidez que você acabe servindo apenas como cobaia de teste, e eles cheguem a faturar todo o lucro. O mundo da concorrência é uma batalha de acirrados ataques e contra-ataques. Não basta ter um bom produto para vender e gerar lucro. É vital saber analisar os pontos fortes e fracos da concorrência.

Esse princípio aplica-se a todos os indivíduos, inclusive políticos e empresários. Todo mundo tem concorrentes. Se você é estudante, pode aprender muito vendo de que modo seus rivais estudam, quais são suas deficiências, que livros e manuais estão consultando, e em quais cursinhos eles estudam.

Como as pessoas são muito diferentes umas das outras, você não vai conseguir sucesso se simplesmente adotar os métodos de outra pessoa. Precisa também conhecer seus próprios pontos fortes e fracos para que isso possa ajudá-lo a decidir quais os melhores métodos a adotar e quais não irão funcionar bem no seu caso.

4
Concentre suas forças

Seguir o princípio da concentração irá ajudá-lo a vencer as batalhas que tiver de enfrentar. Concentrar forças é de suma importância. Muitas batalhas podem ser vencidas aplicando-se uma dose avassaladora de seus recursos em alguma coisa à qual seu concorrente esteja negligenciando. Mesmo que seu inimigo conte com um exército de 100 mil soldados, ele deve ter áreas que são protegidas por menos soldados. Se você concentrar 10 mil de seus homens para atacar uma área em que o inimigo tenha apenas três mil soldados, será capaz de vencer a batalha.

Depois que você tiver desferido seu ataque, o próximo passo é preparar-se para um possível contra-ataque pelos flancos ou pela retaguarda. Como toda a sua força está concentrada em uma região, seus flancos e sua retaguarda estarão enfraquecidos. Você também poderá ser cercado com facilidade.

O princípio da concentração é eficaz igualmente para estudar para um exame. Quanto mais tempo você se dedica a estudar uma matéria específica, melhores são suas notas. Porém, se você passa a maior parte do seu tempo estudando álgebra, suas notas em inglês, espanhol, ciências e estudos sociais começarão a sofrer com isso; seus flancos estarão enfraquecidos. No entanto, se simplesmente ficar mudando seu foco de uma matéria para outra, isso apenas irá criar um efeito gangorra.

Neste caso, há duas estratégias à sua escolha: tentar ficar mais forte nas matérias em que você vai pior ou concentrar-se na matéria em que você é mais forte até conseguir a melhor nota da classe. As duas possibilidades garantem que você obtenha resultados concentrando sua energia. Mas você precisa estar preparado para lidar com as fragilidades que essa sua tática cria. Quer você seja um estudante ou um comandante do exército, a maneira de você lidar com as suas fraquezas é que constitui o segredo da vitória.

Trata-se da relação entre o efeito da concentração e a lei dos rendimentos decrescentes. Você precisa distribuir bem a energia entre seus pontos fortes e fracos. Quanto do seu tempo irá dedicar a estudar as matérias em que vai bem? Quanto tempo irá dedicar às matérias em que vai mal? O que fará quando o fato de se concentrar nas matérias em que vai bem acentuar suas fragilidades? De que modo irá se concentrar nas matérias em que é forte para maximizar seus resultados sem que isso prejudique as demais? Às vezes, percebemos que gastar mais tempo numa matéria não traz grandes resultados. Nesse caso, é melhor aplicar esse tempo em outra matéria. A forma como você divide seu tempo entre as diversas matérias terá um grande efeito em suas notas ao longo de um ou dois anos.

Você também será capaz de vencer uma batalha militar se conseguir surpreender seu inimigo concentrando suas forças nas fragilidades dele e não em seus pontos fortes. Napoleão foi especialista em dividir e conquistar seus inimigos, um por um. Mas, se você deixar seus flancos muito vulneráveis ao ataque e ficar completamente cercado, isso será seu fim. A parte mais difícil de uma batalha é determinar quanta proteção você deve manter nos seus flancos quando estiver concentrando suas forças.

Os resultados são sempre aqueles que se esperam quando você divide suas forças de modo uniforme. Você vencerá sempre nos pontos em que é forte e perderá nos pontos em que é fraco. Países maiores, companhias de grande porte com uma longa história e alunos que vêm se dedicando há vários anos ao estudo são sempre mais fortes do que países pequenos, companhias novas e alunos que começaram há pouco tempo a se dedicar mais aos estudos.

O desafiante, como um azarão, tem duas maneiras de derrotar um campeão: concentrando suas forças ou por meio de um ataque-surpresa. São essas as estratégias obrigatórias para se ter alguma chance de vitória. Como você vai precisar colocar tudo o que tem no ataque, criará com isso pontos de fragilidade. Terá de proteger bem esses pontos frágeis, seja ocultando-os ou evitando um contra-ataque. Depois, terá de ser capaz de enfrentar o novo desafio de manter o sucesso que conseguiu na condição de azarão e ir aos poucos se tornando um campeão.

5
Táticas-surpresa

Os métodos de Yoshitsune e Nobunaga

Uma das maneiras que um azarão precisa vencer é pegando o inimigo deprevenido. Nas Guerras Genpei[2], o clã Minamoto foi praticamente destruído pelo clã Taira, que havia tomado todo o Japão. Mas Minamoto Yoshitsune, um gênio militar, reverteu a situação na Batalha de Ichinotani. O clã Taira havia montado uma grande base em Ichinotani – uma pequena faixa de terra espremida entre altas montanhas e o mar, perto da atual Kobe. Teria sido impossível derrotar um exército desse porte com uma invasão frontal, a partir da atual região de Osaka.

Yoshitsune concebeu uma estratégia para pegar o clã Taira desprevenido. Ele lançou seu ataque pela retaguarda, partindo do alto das montanhas. As encostas eram tão íngremes que o clã Taira nunca iria imaginar que pudessem ser atacados por trás. O exército de Yoshitsune era formado por umas poucas dezenas

---

2. Série de conflitos ocorridos no antigo Japão, entre 1180 e 1185, que colocaram frente a frente os clãs Taira e Minamoto. A consequência direta desta guerra civil foi a vitória do clã Minamoto e a queda do clã Taira, o que pôs os samurais no comando político e militar do Japão, e permitiu o estabelecimento do primeiro xogunato na história japonesa, o Kamakura, encabeçado por Minamoto no Yoritomo (1192).

de soldados de cavalaria, que desceram pelas encostas íngremes. Assim que se infiltraram pela área, imediatamente atearam fogo ao comando central. Ao verem o comando central em chamas, os homens do exército Taira entraram em pânico e fugiram em todas as direções. Enquanto o clã Taira se dispersava em pânico, o exércio aliado de Yoshitsune entrou pela base Taira pela frente, concluindo o cerco pelos dois lados e desferindo o golpe final no exército Taira.

A estratégia de Yoshitsune consistiu em um ataque-surpresa aliado a uma tática de cerco. Em vez de lançar um ataque frontal, Yoshitsune preferiu um caminho indireto, que lhe permitiu desferir um ataque pela retaguarda, pegando o inimigo totalmente desprevenido. Essa mesma estratégia foi usada na Guerra dos Três Reinos[3] da China. Após a morte de Zhuge Liang, o reino Wei usou essa estratégia para derrotar o forte reino Shu. O exército Wei marchou pelos caminhos montanhosos e atacou por encostas íngremes as forças inimigas, do mesmo jeito que a cavalaria Yoshitsune faria mais tarde. Um grande número de membros das forças Shu sobreviveu, mas o exército Wei atacou sua principal fortaleza e, então, Liu Chan, o herdeiro do trono, rendeu-se. O exér-

---

3. Refere-se a um dos períodos mais sangrentos da história da China, marcado por guerras constantes empreendidas entre três estados rivais: o reino Wei, o reino Shu e o reino Wu (220-280).

cito Wei deu a volta, lançou um ataque-surpresa e conquistou a fortaleza, derrotando o poderoso reino Shu, que Zhuge Liang e Liu Bei haviam fundado por meio de brilhantes estratégias militares.

Oda Nobunaga também lançou mão de um ataque-surpresa para vencer a Batalha de Okehazama[4]. O exército Imagawa tinha 30 mil homens e era dez vezes maior que o de Nobunaga. Mas sua linha de soldados era longa, e muitos soldados estavam descansando em seus respectivos setores. Para a sorte de Nobunaga, chovia muito quando ele desferiu um ataque-surpresa bem no centro da linha inimiga. Seu ataque dividiu as forças inimigas em duas seções e resultou na morte do general. Mas Nobunaga não voltou a usar essa estratégia. É difícil saber o que está acontecendo quando um ataque-surpresa é desferido pela primeira vez, mas ele não produz o mesmo efeito na segunda oportunidade. De qualquer modo, é uma estratégia que se mostra útil contra inimigos de maior porte.

Yoshitsune também lançou mão de um ataque-surpresa na Batalha de Yashima[5]. O grosso das forças do clã Taira havia montado base em Takamatsu, Yashi-

---

[4]. Conflito ocorrido no Japão entre maio e junho de 1560. Nesta batalha, Oda Nobunaga venceu Imagawa Yoshimoto, estabelecendo-se como um dos mais importantes senhores de terras do período Sengoku.

[5]. Importante batalha das Guerras Genpei.

ma, onde controlava os mares e um grande número de navios. Um ataque por mar estava fora de questão para Yoshitsune. Em uma noite de tempestade, o general decidiu levar uma pequena tropa de forças de elite até a Província de Tokushima, ao sul, em vez de comandá-la até a Província de Kagawa. Ele ancorou seus navios em Katsuura. Como o inimigo não tinha condições de patrulhar a área em noites de tempestade, usou isso a seu favor. O clã Taira esperava que as forças de Yoshitsune invadissem por mar, mas o general pegou-as de surpresa invadindo por terra a partir do sul. Alguns poucos clãs locais deram apoio a Yoshitsune, mas só um pequeno número deles havia invadido por mar.

Yoshitsune conseguiu realizar dois ataques-surpresa bem-sucedidos, ambos pela retaguarda inimiga. Taira Munemori fugiu da Batalha de Yashima para Dannoura, onde a batalha final pôs fim à guerra.

Yoshitsune foi capaz de derrotar o clã Taira concentrando seu ataque nas fraquezas do inimigo. Seu gênio militar brilhou em muitas batalhas importantes da guerra. Hoje, alguém com a genialidade militar de Yoshitsune seria um empreendedor bem-sucedido, que durante seu tempo de vida conseguiria construir uma grande corporação. É provável que ele começasse invadindo mercados que ninguém teria detectado ainda e que derrotasse concorrentes de maior porte. Depois, estabeleceria o controle de seu mercado antes que outro concorrente pudesse tomar alguma fortaleza.

O inimigo não é capaz de detectar uma tática de desvio

Para o inimigo, é fácil prever um ataque frontal, pois é um hábito humano pensar em atacar pela frente. No entanto, existe sempre a opção de um ataque com desvio. O inimigo não irá se dar conta de que você está preparando um ataque pela retaguarda porque é difícil ler as intenções das pessoas quando elas não estão marchando para encará-lo de frente. E, quando o inimigo finalmente percebe que está sendo atacado, a impressão é de que você foi teletransportado diretamente de um portal dimensional para atacá-lo. Quando o inimigo não tem ciência de que você prepara um ataque, provavelmente está desguarnecido, e isso permite que as suas forças ganhem superioridade.

É sempre útil ter em mente que os métodos muito diretos podem ser facilmente previstos pelo inimigo, dando-lhe tempo para se preparar e se defender do seu ataque. E para ter certeza de que o curso desviado de ação não irá falhar, é importante também ter uma visão de conjunto.

6
Crie um sistema que possa se manter vencedor

O sucesso não dura para sempre

A vida é uma sucessão de batalhas. Você precisa se preparar para o futuro, analisar os pontos fortes e fracos de seus concorrentes, concentrar sua força de maneira estratégica e utilizar métodos-surpresa quando for necessário.

Depois de ter conseguido bons resultados e algum sucesso, o próximo passo que você deve dar é encarar a verdade de que a vitória não dura muito tempo. As condições que o levaram ao sucesso não irão durar para sempre. Os concorrentes acabarão imitando seu sucesso, e é possível que se tornem mais fortes do que você. Talvez você tenha tido a sorte de contar com ventos favoráveis, mas esses ventos uma hora vão cessar e o seu mercado também acabará declinando.

A lei da impermanência não pode ser desafiada; portanto, você precisa estar preparado para mudanças, com ideias que sustentem seu sucesso, e desenvolver essas ideias em um sistema que possa ser duradouro.

Crie uma cultura de inovação

Tanto para o seu sucesso pessoal como para o de sua organização, você precisa ter recursos para se manter bem-sucedido. Suas forças serão capazes de mantê-lo como vencedor desde que você disponha de amplos recursos para continuar lutando. Se um produto seu se torna um grande sucesso, você vai querer continuar criando novos produtos bem-sucedidos, ano após ano, digamos por até dez anos seguidos. Se houver circunstâncias favoráveis que o estiverem ajudando nesse sentido, você deverá estar preparado para o dia em que elas deixarem de se apresentar. Talvez você pense que manter-se fiel à tradição vai garantir seu sucesso, mas na verdade você terá de abandonar completamente as tradições em algum momento, por meio de um descarte sistemático do velho.

Para ser sempre bem-sucedido, um sistema não pode ser apenas uma política, precisa ser uma cultura de inovação. Ele exige que você esteja sempre atento a novas possibilidades de sucesso e disposto a refazer sua estratégia. A vida tanto de um indivíduo quanto de uma organização toma rumos extremamente diversos conforme se adote ou não o objetivo de desenvolver um sistema para se manter vencedor.

Temos a tendência de atribuir nossas vitórias e derrotas à boa ou má sorte, mas isso não é exato. É importante criar um sistema que lhe permita continuar vencendo, mesmo quando as circunstâncias deixarem de ser favoráveis e os produtos que costumavam vender bem pararem de fazê-lo. Não se trata de ter uma solução específica, pois isso descaracterizaria um sistema invencível. O segredo é pensar o tempo todo em como vencer. Pensar nisso sempre irá lhe dar dicas, e a sabedoria irá brotar do seu interior e mostrar-lhe como deve se preparar para o futuro. É preciso se empenhar em construir um sistema invencível. Esforce-se para reunir bastante sabedoria recorrendo ao auxílio de muitas pessoas.

7
Quando falta sabedoria, a solução é ter coragem

Depois de dominar o uso da sabedoria para alcançar um grande sucesso, você deve preparar-se para as fases em que estiver desprovido dessa sabedoria. Katsu Kaishu[6] disse que quando nos falta sabedoria, a solução é ter coragem. Ele enfrentou grandes desafios

---

6. Considerado o "pai" da moderna Marinha Imperial Japonesa, Katsu Kaishu (1823--1899) foi um oficial naval japonês e estadista durante o xogunato Tokugawa Tardio e durante o período Meiji.

na vida. Embora em algumas épocas a sabedoria o tivesse ajudado, também houve períodos em que não pôde contar com ela. Nem sempre foi fácil para ele manter o sucesso.

Quando você fica sem ideias, só resta agir com coragem. Katsu Kaishu sofreu mais de vinte tentativas de assassinato. Naquela época, havia assassinos por toda parte, e as pessoas nunca sabiam quando poderiam ser mortas. Não havia como escapar disso. Não importava com quantos guardas as pessoas se cercassem, os assassinos acabavam furando o bloqueio. Do mesmo modo que Kira Kouzukenosuke, o vilão da lenda dos "Quarenta e Sete Ronins", muitos homens foram assassinados, não importa quantos guardas tivessem contratado.

Um dia, um assassino veio matar Kaishu. Mas, vejam só, Kaishu apresentou-se e encarou seu assassino sem sua espada, vestindo apenas um robe, como um afável senhor idoso comum. O assassino ficou perplexo e hesitou em matar um homem desarmado. Essa foi uma espécie de tática-surpresa que Kaishu usou para pegar seu assassino desprevenido. Kaishu convidou-o a entrar em sua casa como amigo. Sentaram-se juntos, e Kaishu contou-lhe qual era a situação internacional, enquanto mostrava a ele um globo terrestre. A vontade de matá-lo desapareceu totalmente da mente de seu assassino, que acabou indo embora.

Outra lenda diz que Sakamoto Ryoma também procurou Katsu Kaishu para assassiná-lo, mas acabou se tornando um de seus discípulos. A maioria das pessoas, no lugar de Kaishu, acharia importante contar com uma espada para lutar com o assassino. Mas uma espada nunca é suficiente para vencer. Uma espada tampouco tem qualquer chance diante de um revólver ou de um grande exército. Portanto, o sucesso de Kaishu veio de sua coragem.

Há um debate sobre Tokugawa Yoshinobu, o último chefe do xogunato Tokugawa, acerca do fato de ter sido ou não um grande líder. Para alguns, foi o maior líder desde Tokugawa Ieyasu. Mas a meu ver ele dependia demais de seu conhecimento e não mostrava coragem suficiente quando esta se fazia necessária. Era dotado de uma inteligência excepcional e de um profundo conhecimento de uma filosofia imperial chamada Mitogaku, que defendia energicamente a reverência em relação ao imperador. Sua devoção a essa filosofia era tal que ele não conseguia lutar contra inimigos dele que contassem com apoio imperial.

Vendo as coisas de uma perspectiva ampla, talvez sua derrota tenha beneficiado a todos. Mas como Yoshinobu tinha um grande exército, poderia ter encontrado uma maneira melhor de ser derrotado. Se seu exército contasse com um grande líder, haveria muitas maneiras de vencer a guerra. A meu ver, sua principal fraqueza foi a falta de coragem. Às vezes, o planejador muito habilidoso se afoga no próprio plano. Pessoas com muito conhecimento passam a depender exclusivamente disso e acabam derrotadas pelas próprias limitações. Depois que tivermos feito o possível para encontrar a sabedoria, a única coisa que nos resta é depender de nossa força física e mental.

A sabedoria pode nos dar centenas, às vezes milhares e até mesmo dezenas de milhares de vezes mais poder do que a força física. No entanto, quando a sabedoria não se faz presente, temos de aceitar este fato e usar a coragem.

Todos nós somos forçados a tomar decisões de alto risco ao participar de relacionamentos humanos, ao fazer investimentos nos negócios, desenvolver novas estratégias ou iniciar projetos no exterior. Por mais extensiva que seja nossa pesquisa, nunca chegaremos a uma conclusão. Quando colhemos material relevante, refletimos muito a respeito e ainda assim não conseguimos chegar a uma conclusão, mas não podemos ficar estagnados. Mesmo que nossa decisão se mostre errada, precisamos decidir, sobretudo se formos um alto executivo. No final das contas, é preciso encarar as decisões com verdadeira determinação.

Mesmo que estivermos errados, poderemos tentar consertar depois, ao percebermos nosso erro. Mas, se não fizermos nada ou ficarmos adiando a decisão, nunca saberemos se estávamos certos ou errados. Na hora em que percebemos nosso equívoco, temos no mínimo condições de saber qual teria sido a decisão correta. A partir disso, somos capazes de resolver se devemos nos retirar, encontrar uma maneira diferente de alcançar nossa meta ou propor uma nova estratégia. Portanto, ter coragem quando ficamos sem saber o que fazer é uma das maneiras de nos tornarmos vencedores.

CAPÍTULO 3

Como desenvolver uma mente estratégica e gerencial

~ Cinco pontos fundamentais para o desenvolvimento e a prosperidade ~

1
Nunca pare de pensar

O propósito da administração de negócios é trazer desenvolvimento e prosperidade

Gostaria de falar agora a respeito da mente estratégica e gerencial e de como desenvolvê-la. Ao lerem isto, alguns podem pensar: "Eu não trabalho com administração, então isso não tem a ver comigo". Mas, exceto aqueles que trabalham sozinhos, todos têm chefes ou subordinados. Se você tem subalternos, precisa entender de administração. Se trabalha sob as ordens de outras pessoas, precisa compreender o modo de pensar de quem está acima de você.

Neste capítulo, gostaria de discutir o tipo de atitude mental necessária à administração, ou seja, como você deve abordar a questão de treinar a si mesmo e se desenvolver para se tornar um executivo. Na minha organização, a Happy Science, ensino os Quatro Corretos Caminhos, baseados nos princípios de amor, conhecimento, reflexão e desenvolvimento. Destes, gostaria de analisar o princípio do desenvolvimento, já que o propósito da administração de negócios é promover desenvolvimento e prosperidade.

No mundo moderno, tudo está em contínuo crescimento e desenvolvimento. Portanto, se você está satisfeito com o atual estado de coisas e decide continuar do mesmo jeito, sua companhia está fadada a estagnar, a sair perdedora em relação à concorrência e acabar fechando. Numa sociedade em evolução, uma das condições para sobreviver é ter como objetivo constante desenvolver-se e prosperar, e esse é um pré-requisito exigido também de uma organização onde muitas pessoas ganham a vida. Por isso, é importante que os membros da alta administração e aqueles que almejam se tornar executivos tenham sempre em mente essa visão de desenvolvimento e prosperidade e se dediquem a aplicar essa visão em suas tarefas e negócios.

A mente estratégica e gerencial de uma sociedade em constante mudança

Quando digo "mente" refiro-me à maneira de pensar, inclusive sua visão das coisas e sua inteligência. Portanto, ter mente estratégica e gerencial é cultivar uma postura mental estratégica e gerencial.

O primeiro método sobre o qual gostaria de falar, e que você pode usar para cultivar uma mentalidade gerencial, é nunca parar de pensar. Isso pode parecer muito simples, mas só assim você irá percorrer o caminho do desenvolvimento e da prosperidade. Na administração de negócios, nada fica sem mudar; nada fica como está. Tudo muda dia a dia; tudo evolui sempre.

Além disso, somos influenciados por aquilo que ocorre à nossa volta. Por exemplo, você é influenciado pelo modo como seus concorrentes conduzem os negócios e lidam com os produtos que vendem. Ao mesmo tempo, aquilo que as pessoas procuram no mercado, seus interesses e gostos, irá afetar seu negócio. Estamos todos sujeitos a constantes mudanças.

Para continuar operando neste mundo em constante mutação, é essencial que você não pare de pensar. Se você se recusa a modificar uma decisão que tomou há três, cinco ou dez anos, não importa o que estiver acontecendo, só pelo fato de ter refletido muito a respeito, então sinto dizer que você não está qualificado para gerenciar. Temos um exemplo típico disso nas repartições do governo do Japão. Algumas delas ainda operam segundo regras que foram definidas antes da Segunda Guerra Mundial. Existem nações que ainda hoje são administradas de acordo com princípios arcaicos vigentes no antigo sistema comunista ou socialista.

Mas, num sistema de economia aberta, dirigimos nosso negócio dentro de uma sociedade em constante mudança, o que nos leva a fazer inovações não em bases anuais, mas todos os dias. Você provavelmente evita mudar a direção básica de sua companhia de modo muito drástico, mas deveria fazer mudanças em suas operações diárias para poder cumprir a missão da empresa, e as inovações constantes são fundamentais para isso. Talvez você não se esforce muito em criar algo novo. Mas deveria trazer algo novo e melhor diariamente, algo que não existia antes. É fundamental que você não pare de pensar. Essa prática por si só já irá melhorar sua mente estratégica e gerencial.

Nossa mente é ocupada sempre por vários pensamentos, um após o outro. Reagimos a questões triviais em nossa vida diária e temos vários pensamentos a respeito delas. É preciso muito esforço para cultivar o hábito de se concentrar apenas em uma coisa. Concentrar-se em um pensamento não é fácil para quem nunca assumiu uma posição de relevância na organização. Um auxiliar de escritório de uma grande companhia, por exemplo, vai achar difícil assumir o ponto de vista de um executivo-chefe. É necessário que cada um pense continuamente de acordo com sua posição. Além disso, é importante não só continuar pensando, mas produzir algo a partir das conclusões extraídas deste ato. O pensamento tem poder. Esse processo de pensar nas coisas em profundidade e produzir algo a partir disso é importantíssimo.

Os executivos devem detectar necessidades, mais do que "sementes"

Eu pessoalmente tenho muitas ideias e recebo todo tipo de inspiração do Céu. Mas com frequência não consigo fazer uso imediato dessas ideias no gerenciamento da Happy Science. Isso porque as ideias que recebo muitas vezes são de um tipo bem diferente daquelas que eu poderia usar na administração.

Dentre as características individuais de pessoas que recebem inspirações podemos citar os dons artísticos ou acadêmicos. No caso de pessoas que têm esses dons, suas inspirações e percepções são muito exclusivas e típicas. As inspirações descem para as pessoas de acordo com os interesses de cada um. Costuma-se dizer que os acadêmicos estão à procura de "sementes". Estão sempre buscando temas sobre os quais possam escrever e tópicos para suas dissertações e pesquisas. O mesmo vale para os escritores; eles vivem tentando encontrar um assunto ou uma semente que possa ser desenvolvida em algum trabalho.

No entanto, os gestores de negócios não devem procurar sementes: o que devem descobrir são necessidades. Descobrir do que as pessoas precisam. E o executivo deve gerar respostas a essas necessidades. Portanto, mesmo que você tenha ideias muito boas no âmbito dos seus interesses pessoais e daquilo que desperta sua curiosidade, infelizmente é bem provável que não seja capaz de utilizá-las em seus negócios. Aqueles que trabalham sozinhos, como pintores, escritores e acadêmicos, irão se beneficiar desse tipo de inspiração, pois precisam de ideias interessantes para produzir seus livros e quadros. É assim que ganham a vida. No entanto, trabalhar coletando sementes ou ideias de seu interesse só é possível à medida que a abrangência da sua administração esteja limitada ao sustento financeiro próprio e da sua família.

Entretanto, quem está encarregado de administrar uma empresa precisa ir além de coletar ideias a respeito de seus interesses pessoais. Afinal, gerencia um negócio com cinquenta, cem, trezentos, quinhentos, mil ou dezenas de milhares de funcionários, e precisa cumprir os propósitos da companhia. Cada corporação possui um conjunto de metas e uma cultura corporativa própria, e oferece determinados produtos e serviços aos seus clientes. Isso significa que as ideias que os gestores devem gerar são diferentes daquelas que servem a quem trabalha como autônomo. Os gestores de negócios precisam prover o que o mercado exige. Por isso, têm de apresentar ideias que satisfaçam às exigências do mercado e sejam adequadas ao propósito de seu negócio. Além disso, precisam gerenciar a organização e as pessoas dentro dela para implantar essas ideias.

Tais ideias também precisam gerar lucro. Você não pode se manter no negócio se sua companhia não gera lucro. Um dos objetivos do seu negócio é ser lucrativo. Os lucros provêm o sustento de muitos empregados; sustentam suas despesas e seu futuro desenvolvimento. Os trabalhos que não se traduzem em lucro são logo eliminados da organização.

Aprimore suas ideias

Como vemos, é muito importante que você tenha uma abundância de ideias. Mas, do ponto de vista da administração, você também precisa ser capaz de focar seus pensamentos, praticar o pensamento convergente e concentrar-se em seu objetivo.

Os pintores e acadêmicos praticam o pensamento difuso, pois extraem dele muitas ideias diferentes e singulares, que nunca ninguém teve antes. Eles procuram aumentar a abrangência de suas ideias. Em contrapartida, quem trabalha na administração precisa concentrar suas ideias e analisar se elas terão aplicação prática, se serão úteis, e se poderão de fato ser implantadas. É importante que você pense e repense suas ideias até chegar a algo que possa ser utilizado em seu negócio.

Mesmo depois de amadurecer sua ideia e concluir que ela é praticável, você não deve implantá-la de imediato. Deve discuti-la com as pessoas adequadas e ver primeiro o que elas pensam a respeito. Por esse processo, você dará a si mesmo a oportunidade de receber os conselhos necessários. Poderá descobrir que uma ideia parecida fracassou no passado, ou que seu plano tem alguns problemas. Você pode fazer sua ideia circular desse modo e ir aos poucos refinando-a. Algumas de suas ideias poderão ser aproveitadas, outras não, mas é preciso que você as filtre desse modo.

Podemos fazer um paralelo entre esse processo e as conversas entre Sherlock Holmes e o dr. Watson, que deduziam e resolviam casos complicados por meio de uma troca de ideias. Esse mesmo método funciona na administração de negócios. Uma pessoa propõe uma ideia, a outra pega essa ideia e dá o seu *feedback*; desse diálogo pode-se extrair um plano.

As pessoas que montam seu próprio negócio têm uma porção de ideias, mas, para que gerem lucro, é preciso adequá-las ao propósito específico que se tem em mente. Portanto, se você é dono de um negócio, arrume uma, duas, três, ou se possível várias pessoas com quem possa compartilhar e discutir suas ideias. Você pode pedir-lhes opinião ou impressão antes de implantá-las. Conforme for levando adiante a conversa, analisando prós e contras, será capaz de ir aos poucos aprimorando suas ideias.

É importante que você se concentre em suas ideias e pense nelas bastante, mas evite correr o risco de montar castelos no ar. Para isso, fale sobre suas ideias ou escreva-as. Exponha-as a alguém que tenha capacidade gerencial, peça sua opinião e repita esse processo até tirar dele um plano concreto. Este é um processo pelo qual você deve passar.

Quando uma companhia ainda é pequena, não há problema em que uma única pessoa no comando tome todas as decisões. Mas, à medida que se expande, fica cada vez mais difícil colocar todas as suas ideias em prática, e torna-se mais importante manter discussões com outras pessoas para aprimorá-las.

Você precisa continuar pensando. Pense e repense suas ideias, e depois discuta-as e troque opiniões com outros gerentes para decidir se suas ideias são mesmo viáveis. É importante que você explore esse processo quando estiver aprimorando suas ideias.

No caso de uma grande corporação com milhares de funcionários, há dezenas de membros do conselho diretor que votam e chegam a uma decisão, em um sistema muito semelhante ao dos políticos. O processo de uma grande corporação é mais formal que o de uma companhia pequena. Mesmo que sua corporação não seja grande o suficiente para acomodar vários executivos, você deve ter uma, duas, três ou mesmo quatro pessoas com quem possa discutir seus planos. É importante que você pense e repense suas ideias com essas pessoas para antever e sanar quaisquer problemas.

2

Dê atenção tanto ao quadro geral como aos detalhes

Amplie sua visão

O segundo ponto fundamental para desenvolver uma mente estratégica e gerencial é procurar ter uma visão tanto da floresta quanto das árvores. Quem não percebe a situação de um modo mais amplo não está apto a se tornar gerente. Por exemplo, vamos supor que uma pessoa que tem algum talento especial desenvolve um produto e este se torna um grande sucesso. Conforme o negócio se expande, ela cria uma companhia, mas, se esta continuar crescendo, chegará a um ponto em que a pessoa não terá mais condições de gerenciá-la sozinha. Terá de tomar decisões empresariais para as quais seus talentos não são suficientes, e talvez não seja capaz de continuar dirigindo seu negócio por conta própria.

Nesse tipo de situação, a pessoa precisa ter uma perspectiva mais ampla, compreender a situação geral e ter uma visão mais abrangente do cenário. Tem de estar atenta a tudo o que ocorre à sua volta, tanto na sua companhia quanto no mercado, na economia do país, na economia mundial e na política. Precisa o tempo todo ampliar sua visão a fim de detectar tendências globais que estejam em ação.

Isso é uma extensão do princípio de continuar pensando: você precisa o tempo todo colher novas informações do mundo exterior. Deve também examinar a situação em uma escala mais abrangente, para contribuir com ideias que não tenham passado pela cabeça de seus subordinados. Precisa refletir sobre a operação geral da companhia, suas relações com o mundo exterior e com o seu próprio futuro, enquanto seus funcionários se concentram no trabalho que precisam realizar. Essa é uma qualidade que você deve desenvolver para se tornar um gerente executivo.

Você tem de procurar sempre ampliar sua visão. Quem lidera um grande número de pessoas precisa ser capaz de enxergar o quadro geral. Em grande parte, essa capacidade é inata, mas, mesmo sentindo que a tem, se não lapidá-la não brilhará. Procure sempre lembrar a si mesmo que é preciso se esforçar para cultivar uma visão mais ampla.

Fique atento a pequenas mudanças

Dito isto, você nunca será um gerente executivo bem-sucedido concentrando-se apenas no quadro geral. Algumas corporações e órgãos governamentais do Japão têm um sistema hierárquico com dez a quinze níveis. As pessoas que estão no topo desse tipo de sistema com frequência garantiram sua posição pelo simples fato de estarem trabalhando na organização há mais tempo, e não são necessariamente mais capazes do que as que estão abaixo delas. Para elas, ter uma visão do quadro geral costuma significar apenas estar acima de muitas outras e ficar assinando os documentos que lhes são passados por seus subordinados. Essa maneira de trabalhar talvez funcione enquanto a companhia está prosperando e se desenvolvendo, mas essas pessoas precisarão desenvolver novas capacidades para sobreviver aos tempos econômicos difíceis que enfrentamos hoje em dia.

Embora seja importante entender o quadro geral, também é fundamental prestar atenção aos pequenos detalhes, às pequenas coisas que tendem a ser negligenciadas, pois isso irá abrir novas oportunidades para o futuro. Alguns executivos de companhias com 10 mil empregados podem achar que só precisam ficar em seu escritório assinando papéis. Mas, a meu ver, eles precisam estar sempre atentos às pequenas mudanças que ocorrem em sua organização.

Certas coisas você só consegue ver *in loco*

Muitos executivos de negócios usam uma abordagem prática e fazem uma visita à fábrica ou à loja para ver tudo pessoalmente. Desse modo, podem perceber aspectos que os funcionários que trabalham ali não veem. Muitos executivos imaginam que seus empregados estão conduzindo o negócio do jeito que lhes foi determinado, mas descobrem que as coisas estão sendo feitas de um modo totalmente diferente.

Por exemplo, os donos ou membros do conselho de uma rede de supermercados de âmbito nacional podem tomar decisões com base nos relatórios que recebem, mas quando, um belo dia, decidem visitar uma das lojas, descobrem que a situação real é muito diferente. Por exemplo, o ambiente da loja mudou, os caixas são grosseiros com os clientes, os funcionários ignoram as reclamações ou ficam conversando entre eles e não prestam atenção às necessidades dos consumidores. Descobrem, por exemplo, que os balconistas escondem os produtos que vendem melhor no fundo da prateleira e colocam os que estão encalhados na frente. Ao perguntar por que fazem isso, ouvem que a ideia é limpar o estoque, colocando os produtos que vendem mal nos melhores pontos para chamar a atenção dos clientes e escondendo os que vendem bem. De imediato, os executivos seriam capazes de perceber o quanto esta prática é prejudicial ao seu negócio. É muito natural que os clientes se queixem se a loja mostra o que eles não precisam e esconde o que lhes interessa. Esse tipo de situação ocorre com frequência.

• AS LEIS DA INVENCIBILIDADE •

 Embora seja importante conhecer a operação global da companhia, também é necessário saber o que se passa em cada loja. No caso de um supermercado, os executivos precisam conhecer as condições das vendas, o tamanho de cada loja, os produtos que cada uma vende, os serviços oferecidos, a atitude dos balconistas e as reações dos clientes. Além disso, precisam lidar com cada reclamação com cuidado, porque as queixas de hoje são a chave do sucesso de amanhã. O mesmo vale para o gerenciamento de um hotel. É errado pensar que o alto executivo de uma rede de hotéis só precisa sentar-se em seu escritório e assinar papéis. Ele precisa visitar os hotéis e verificar, por exemplo, se os elevadores estão funcionando bem, as escadas estão limpas e o desenho do papel de parede é adequado ao estabelecimento. Deve também checar a atitude dos carregadores, dos porteiros e de toda a equipe para ver se o padrão de serviços aos hóspedes é o ideal.

 Ao observarem os detalhes desse modo, os executivos com frequência se convencem de que essas pequenas coisas têm um forte impacto na operação global da companhia. Uma pequena descoberta que eles façam em um lugar pode ser muito útil também em outras áreas.

 Assim, para desenvolver uma mente estratégica e gerencial, você precisa pensar sempre no quadro geral e estudá-lo bem, a fim de desenvolver estratégias amplas e captar as tendências de cada época, as perspectivas futuras, compreender a sociedade como um todo e o setor comercial em que está. Precisa ler livros e jornais e assistir ao noticiário. As pessoas da gerência devem estar sempre dispostas a aprender, mas ao mesmo tempo devem também prestar atenção aos pequenos detalhes do negócio.

Você precisa ser capaz de fazer as duas coisas — enxergar a floresta e também as árvores. Se prestar atenção apenas aos detalhes, talvez não seja capaz de ver o quadro geral; concentrar-se somente nos detalhes também não basta. As duas visões, a geral e a dos detalhes, são essenciais para os administradores de negócios.

Algumas pessoas podem perguntar como é possível manter as duas visões ao mesmo tempo, mas esse é o ponto principal da administração. É importante que você se lembre sempre de ver as coisas de uma perspectiva ampla, sem deixar de prestar atenção aos detalhes.

3
Descobrir e eliminar gargalos

Os gargalos comprometem o crescimento

A terceira prática que gostaria de discutir consiste em detectar e desbloquear gargalos nos negócios. Um gargalo nos negócios é como um gargalo de garrafa. Não importa quanta água exista no recipiente, ao ser despejada da garrafa ela sai num fluxo reduzido porque fica estrangulada pela passagem mais estreita.

Nas organizações ocorre fenômeno semelhante. À medida que um negócio se expande, criam-se gargalos no seu processo de desenvolvimento. O fato de uma organização ter grandes dimensões não significa que possa lidar com problemas de qualquer porte. Se houver um departamento, um procedimento, um local ou uma pessoa por onde tudo tenha de passar, isso pode virar um gargalo para a organização. Os gargalos com frequência representam um obstáculo ao maior crescimento da companhia.

Assim, é importante que as pessoas na administração entendam que o negócio, em algum ponto ou outro, vai encontrar gargalos no seu desenvolvimento. Sua companhia será incapaz de alcançar maior desenvolvimento a não ser que você descubra esses gargalos e consiga eliminá-los. Mesmo que o resto da empresa esteja funcionando bem, um gargalo em uma seção pode comprometer o crescimento do negócio.

Mude sua maneira de pensar de acordo com o porte da sua companhia

Vamos supor que você expandiu sua fábrica para aumentar a produção. Isso em si é um fato bom, mas, se você não tiver construído uma rede de vendas que possa escoar seus produtos, vai acabar acumulando um estoque em seus depósitos. Nesse caso, as vendas e a rede de distribuição irão constituir um gargalo. Ou, então, você pode não ter espaço suficiente em seus armazéns para guardar os produtos que saem da sua fábrica. A falta de espaço de armazenagem, portanto, é que será o gargalo. Você pode ter criado uma grande rede de vendas, mas não consegue treinar bem os vendedores. Então, embora tenha pessoas suficientes para vender os novos produtos, ainda não venderá como poderia. Talvez você imagine que os produtos não vendem porque não são bons, mas na realidade o problema talvez seja a falta de treinamento adequado dos vendedores. É bastante comum isso acontecer.

Com frequência, as pessoas criam um novo produto e montam um empreendimento a fim de lançá-lo. Em geral, são itens inovadores, de boa qualidade, por isso no começo vendem bem. Mas, conforme a companhia cresce, os donos descobrem que precisam montar outros departamentos, para lidar com assuntos gerais, contabilidade e recursos humanos, que não eram necessários quando da criação do negócio. O dono do negócio pode ser um engenheiro, que lida apenas com desenvolvimento de produtos, ou um ótimo vendedor, que desenvolveu a companhia dando-lhe um grande impulso nas vendas. Seja como for, quando uma empresa atinge certo porte, precisa de departamentos específicos para lidar com assuntos gerais, contabilidade e recursos humanos.

Se os donos já estão acostumados a tratar de recursos humanos e contabilidade à sua maneira, talvez não entendam por que precisam desses departamentos. Mas, se não passarem essas tarefas a outras pessoas, a companhia irá parar de crescer. Se não implantarem novos departamentos, não serão capazes de continuar a fazer o que sabem fazer, como ir a campo para vender seus produtos ou dedicar-se a pesquisa e desenvolvimento. Quando a companhia ainda é pequena, alguns departamentos podem dar a impressão de serem desnecessários e gerarem uma despesa supérflua, mas, à medida que cresce, eles passam a ser necessários.

Os elementos que dificultam o crescimento de uma companhia vão surgindo conforme ela se expande, portanto têm de ser eliminados um a um.

Os empresários devem ir mudando sua maneira de pensar de acordo com o porte da empresa. Se descobrirem e eliminarem os gargalos, então a companhia será capaz de se desenvolver. Mas, cedo ou tarde, outro gargalo surgirá e eles terão de pensar em como superar o novo obstáculo.

Verifique como procedem as companhias que estão um passo à frente da sua

Outra barreira ao desenvolvimento dos negócios é que alguns executivos não são capazes de mudar sua maneira de pensar de modo a acompanhar o crescimento da companhia. Isso quase sempre limita o crescimento dos empreendimentos de pequeno e médio porte. Os donos com frequência não percebem que chegaram ao limite de sua capacidade, e se apegam a maneiras antiquadas de fazer as coisas. Se quiser comandar um negócio em expansão, você terá de cuidar do seu autodesenvolvimento. E, para isso, precisa estudar e adquirir novos conhecimentos. A melhor maneira de fazer isso é estudar companhias ou organizações que estejam um passo à frente da sua. Isso pode lhe dar um vislumbre do futuro da sua companhia.

Por exemplo, se sua empresa emprega cem pessoas, você deve estudar uma que tenha trezentas e ver o que ela faz e como administra o negócio. Assim, será capaz de detectar o que sua companhia terá de fazer nos próximos anos. Se ela emprega trezentas pessoas, então procure observar o funcionamento de uma com quinhentas ou seiscentas. Se começar a estudá-la dez anos antes da época em que você imagina que sua companhia terá esse porte, quando ela alcançar o mesmo nível você já estará preparado: terá tido tempo de fazer os ajustes necessários para comandar um negócio desse porte.

Se você esperar até chegar ao seu limite para só então começar a decidir às pressas o que fazer, com sua companhia já à beira do colapso, talvez seja tarde demais. Tenha sempre os olhos no futuro e remova qualquer gargalo que aparecer no caminho. Talvez você descubra que você mesmo se tornou um gargalo. Para evitar isso, estude outras empresas com antecedência. Se você quer desenvolver seu negócio e fazê-lo chegar ao estágio seguinte, tem de estudar administração de pessoal e aprender como construir uma organização. Isso pode ser bastante difícil, mas é necessário que você pense com antecedência naquilo que precisa fazer.

4
Nunca se esqueça da *Customer's Mind*

Em última instância, pergunte ao mercado

Como quarto princípio, gostaria de dizer: "Não se esqueça da *Customer's Mind*, ou seja, a mente orientada ao cliente". Esse é um aspecto bastante comentado, mas muitas vezes esquecemos o quanto ele é importante.

Particularmente no Japão, as pessoas têm muito apreço pela manufatura, portanto os fornecedores com frequência têm uma vantagem nisso. A população costuma respeitar aqueles que criam, produzem e fabricam bens, e acredita firmemente que esses empreendedores precisam ser protegidos. Entendo esse posicionamento e concordo até certo ponto que é preciso respeitar os fabricantes, pois eles têm uma tarefa árdua. Mas, por causa disso, eles costumam acreditar que devem se concentrar apenas em produzir bens e nada mais, e tendem a culpar os outros quando seus produtos não vendem bem. Culpam os consumidores por não comprarem os produtos e o governo por não prover subsídios suficientes. Atribuem seu fracasso a outras empresas, a outros países, ao iene muito forte ou muito fraco. Ou seja, os fabricantes tendem a ver as coisas de um modo muito autocentrado.

Alguns deles afirmam que seus produtos são os melhores do país, mas não é possível dizer se isso é verdade até que o produto seja comercializado. O mercado dará a resposta e irá fazer a avaliação correta do produto. Do mesmo modo que um partido no poder ou um governo tem um índice de aprovação mais ou menos igual em todo o país, os bons produtos vendem bem e os maus produtos não, onde quer que sejam comercializados.

Os fabricantes tendem a pensar de modo autocentrado, ficam presunçosos e não pensam no cliente, mas no final não têm escolha a não ser perguntar ao mercado. O mercado é a soma total dos consumidores, portanto representa as opiniões de todos eles. Se o produto de sua companhia não vende e o de outra companhia vende, significa que os consumidores escolheram o outro produto e não o seu. Você precisa se colocar no lugar do cliente e tentar perceber: "Por que o cliente preferiu seu concorrente e não você?". A resposta a essa questão irá se tornar a semente da próxima inovação de sua companhia. Irá lhe dizer o que você precisa fazer e que melhorias pode introduzir.

Desenvolva novas ideias a partir do ponto de vista do usuário

A *Customer's Mind*, ou a mente orientada ao cliente, é um estado psíquico em que se pensa no cliente. Isso não se aplica somente aos negócios. Por exemplo, em 2001, o governo japonês promoveu uma reforma administrativa; reestruturou os ministérios e órgãos do governo, reduziu o número de agências governamentais à metade e cortou o número de funcionários públicos. Nesse tipo de reforma, são as autoridades do governo que geralmente decidem quais escritórios manter ou eliminar e quantos funcionários públicos devem ser cortados, com base no seu ponto de vista. Mas, como acontece nos negócios, as pessoas que usam os serviços é que devem decidir que escritórios e serviços elas julgam necessários e quais acham que poderiam ser eliminados.

As autoridades do governo precisariam enxergar a situação pelo ponto de vista dos usuários do serviço com base na *Customer's Mind*; deveriam se colocar no lugar das pessoas que utilizam° seus serviços para concluir quais são necessários ou não. Precisariam perguntar a seus clientes que funções ou serviços do governo as pessoas consideram úteis ou inúteis. Neste caso, os clientes são os cidadãos do país que utilizam os serviços do governo. As autoridades não têm como saber o que fazer; precisam visitar as repartições e perguntar a opinião das pessoas que estão sendo atendidas. Quem está no alto da hierarquia não pode tomar decisões corretas sozinho. Tem de conhecer a *Customer's Mind* ou ponto de vista do cliente, fazendo uma visita pessoal aos escritórios e vendo as coisas *in loco*.

Talvez você ache que os assessores do ministro poderiam tomar essas decisões. Mas eles tampouco sabem de nada, ficam sentados em poltronas grandes e confortáveis lendo jornais. Certas coisas você só consegue descobrir quando vai até a repartição e vê a situação com os próprios olhos. O mesmo serve para os políticos. Eles não podem saber o que se exige deles antes de ouvir a opinião das pessoas que de fato usam os serviços do governo nas repartições locais. É equivocado tomar decisões com base apenas em conceitos.

O mesmo pode ser dito sobre as corporações. Em grandes empresas, aqueles que trabalham na matriz – por exemplo, o pessoal do setor de planejamento empresarial – tomam decisões com base nos números dos relatórios que recebem, mas, se não tiverem cuidado, podem chegar a conclusões erradas.

É preciso ver as coisas sempre do ponto de vista do cliente. Se você se considera mais inteligente do que seu cliente e acha que pode avaliar a situação melhor do que ele, vai cometer o mesmo erro que as nações comunistas ou socialistas. Uma das razões do colapso do socialismo foi que o Politburo[1] não era capaz de controlar os preços de mercado. Os líderes do partido não sabiam dizer quais eram os preços adequados dos produtos nem compreendiam que os preços de mercado flutuam com base em vários fatores inter-relacionados. Esse sistema em que as pessoas do topo da hierarquia definem preços e cotas de produção já pertence ao passado. Quem tem de fazer essa definição é o mercado.

Esse tipo de sistema socialista não existiu apenas na União Soviética ou na China. As grandes organizações tendem a desenvolver essa tendência. No Japão, os grandes órgãos do governo adotam basicamente o sistema socialista. As grandes corporações também ficaram burocratizadas: elas seguem regras rígidas e não decidem nada até que sejam submetidas a um processo de aprovação que envolve pessoas de diferentes escalões.

A única maneira de superar essa barreira é adotar a *Customer's Mind*. Os gerentes devem sempre estar cientes dos pensamentos e das necessidades do usuário final, isto é, da pessoa que usa seus produtos. Para isso, devem estar atentos à *Customer's Mind* e estudar suas preferências constantemente.

---
1. Comitê Central do Partido Comunista da antiga União Soviética.

5

Aumente o valor agregado de seus produtos e serviços

O valor agregado é a somatória da satisfação do cliente

O quinto ponto fundamental é o aumento do valor agregado dos produtos e serviços. Algumas pessoas não entendem exatamente o que é valor agregado; portanto, vou dar uma breve explanação. Em atividades comerciais e de negócios, você sempre precisa ter algum tipo de produto ou mercadoria para vender, que pode ser constituído por bens, ideias ou programas. Você também precisa de um sistema de distribuição para que seus produtos cheguem aos clientes. Distribuição é o processo de levar seu produto até os clientes. Por fim, precisa oferecer serviços ao entrar em contato com os clientes. O nível total de satisfação do cliente criado por esses três elementos – produtos, distribuição e serviços – é o valor agregado.

Digamos que uma grande companhia de aparelhos eletroeletrônicos apresentou um novo modelo de geladeira. É claro, os engenheiros e designers fizeram tudo para criar um bom produto, e imaginam ter produzido a melhor geladeira do país. Mas pode surgir algum problema no processo de distribuição. A geladeira passa por vários canais antes de chegar às lojas varejistas. Você talvez receba queixas se ocorrer algum problema durante o processo de distribuição. Por exemplo, as lojas podem se queixar da demora em receber novos lotes de produtos quando seu estoque se esgota ou que as peças de reposição levam muito tempo para chegar quando o produto sofre alguma avaria. Não importa o quanto o produto é bom, você não será capaz de aumentar suas vendas como deseja se tiver um problema de distribuição.

Mesmo que os produtos cheguem em segurança às lojas de varejo, os funcionários podem não fazer o esforço necessário para vendê-los. Talvez eles simplesmente coloquem esses novos produtos de ótima qualidade ao lado dos demais modelos, sem chamar a atenção dos clientes para a novidade.

Há muitas informações sobre o produto que os vendedores da loja poderiam fornecer aos clientes. Por exemplo, explicar como o novo modelo é superior aos antigos e que melhorias foram introduzidas, ou informar que o produto gasta menos energia, é capaz de manter a temperatura estável, tem uma função de congelamento de alto desempenho, é extremamente compacto e está agora com preço promocional. Mas ninguém irá comprar o produto se os vendedores não fizerem o esforço de estudar essas informações sobre o produto, se não explicarem nada a respeito dele e tiverem uma atitude indiferente, do tipo "Compre se quiser". Não importa o quanto o produto seja bom, o cliente irá procurar outra loja. E, então, todo o esforço feito pela equipe de design e produção para lançar a nova geladeira terá sido em vão.

Como vemos, seu produto só irá vender se a somatória da satisfação do cliente for alta, e isso depende do produto, do sistema de distribuição e do serviço ao cliente. Você não irá vender mais só porque criou um bom produto. Precisa aumentar o valor agregado do seu produto, que é a somatória da satisfação do cliente.

Crie uma cultura corporativa

Uma organização é composta de muita gente, por isso é impossível para uma única pessoa controlar tudo, desde a fabricação do produto até sua entrega ao consumidor ou usuário final. É claro, você pode ser capaz de lidar com tudo se tiver apenas uma pequena loja que dirige sozinho, mas numa organização com dezenas, centenas ou milhares de pessoas, é necessário que vários grupos estejam envolvidos em tarefas diferentes: um deles fabrica o produto enquanto outro planeja uma estratégia de vendas; alguns lidam com distribuição, outros com a venda do produto nas lojas. Se você quer alcançar os resultados que a companhia como um todo almeja, precisa criar uma cultura corporativa que seja entendida e partilhada por todos os empregados.

Você precisa promover a divulgação da cultura corporativa entre todos os funcionários envolvidos no processo de criar, distribuir e vender o produto. Todas as partes do negócio precisam ser capazes de pensar claramente por si; não basta que o gerente executivo seja o único que pensa de maneira flexível. Se a companhia tem uma estrutura burocrática rígida que ignora as reclamações dos clientes e se restringe apenas a pressionar as pessoas para que comprem seus produtos, isso irá fazer com que o valor agregado diminua em vez de aumentar. Neste caso, mesmo que a companhia tenha um bom produto, acabará reduzindo seu valor até torná-lo praticamente invendável.

Para melhorar a administração de sua organização, você deve sempre analisar se foi bem-sucedido em elevar o conhecimento ou a atitude mental de sua equipe inteira. Precisa avaliar se todos os membros da equipe estão pensando ativamente e motivados a trabalhar duro. Também precisa verificar se todos, do executivo-chefe aos atendentes de loja, estão cientes de algum problema existente e trabalhando de forma positiva e com afinco para melhorar o desempenho da companhia. Deve se certificar de que todos da equipe estão sempre pensando, mantendo tanto uma visão do quadro geral quanto uma grande atenção aos detalhes, e que todos estão empenhados em eliminar quaisquer gargalos e manter uma boa relação com os clientes. Se todos na equipe tiverem essa sintonia, então a organização irá se desenvolver.

Para aumentar a força de sua organização, você tem de criar uma cultura corporativa. As pessoas na administração precisam construir essa cultura e fazer com que permeie toda a organização. Devem sempre expor a filosofia que sustenta a cultura corporativa a todos os funcionários. Como alto executivo, você deve repetir sua mensagem muitas vezes para que ela se dissemine pela companhia. É importante que todos compartilhem o mesmo senso de missão.

6
Revisão dos cinco pontos fundamentais para o desenvolvimento dos negócios

Gostaria agora de rever os cinco princípios básicos que você precisa adotar para desenvolver uma mente estratégica e gerencial. O primeiro ponto é nunca parar de pensar. Já mencionei sua importância.

O segundo ponto é procurar enxergar o quadro geral e, ao mesmo tempo, prestar atenção aos detalhes.

Você precisa ter uma visão ampla. É absolutamente essencial não perder de vista o quadro geral. Não se limite a uma visão parcial, concentrado apenas nas coisas que estão relacionadas ao seu trabalho. Se ficar preso a uma visão individualista, visando apenas as vantagens exclusivas para o seu departamento, poderá comprometer o crescimento da sua companhia e acabará levando a organização toda ao colapso. Não se pode permitir que as intrigas entre os departamentos de uma mesma organização prejudiquem o avanço do conjunto. Nunca perca de vista o quadro geral. Ao mesmo tempo, porém, não negligencie a atenção às pequenas coisas que compõem uma determinada tarefa. Fique atento aos detalhes. Lembre-se sempre de que é o acúmulo de pequenas coisas que leva ao sucesso. Esses dois tipos de visão são necessários.

O terceiro ponto é descobrir e solucionar problemas gerados por gargalos. À medida que uma organização se expande, ela inevitavelmente cria gargalos, portanto você terá de eliminá-los. Se conseguir identificar um gargalo e eliminá-lo, abrirá um caminho pelo qual sua organização será capaz de progredir até o estágio seguinte. Fique atento ao surgimento de gargalos e procure encontrar uma solução para eles. Em alguns casos, a própria alta administração acaba virando um gargalo; portanto, os altos executivos também precisam dar atenção ao seu contínuo autodesenvolvimento.

O quarto ponto é estar sempre atento às necessidades do cliente. Lembre-se de que são as pessoas que usam seu produto ou serviço – seus clientes ou consumidores – que fazem a avaliação final da sua companhia. A administração precisa tomar decisões com base nos pontos de vista de seus clientes.

O quinto ponto é aumentar o valor agregado de seu produto. O valor agregado é a soma de todos os fatores que contribuem para a satisfação do cliente. Para isso, você precisa não só criar um bom produto, mas também distribuí-lo de modo uniforme. Deve treinar sua equipe de vendas e o serviço ao cliente, para que proporcionem um serviço ágil e eficiente. A atitude da equipe de vendas e manutenção é importante.

No caso da Happy Science, o valor agregado é criado pelo conteúdo das minhas palestras e livros, pelos planos e decisões da equipe executiva, pela operação dos templos locais e pelas atividades dos membros individuais. Se a Happy Science não aumentar seu valor agregado como organização, ela não obterá o reconhecimento da sociedade. Os princípios do progresso funcionam mais ou menos da mesma maneira em todas as organizações, quer se trate de uma corporação ou de um grupo religioso. Espero que você sempre tenha em vista esses cinco pontos fundamentais ao se esforçar para aprimorar a mente estratégica e gerencial.

Capítulo 4

Como superar uma recessão

~ Assuma novos desafios em períodos de transição ~

1
As causas da recessão do Japão

O colapso da bolha econômica trouxe prejuízos ao espírito do capitalismo

O Japão sofreu um declínio econômico a partir da década de 1990, o que despertou várias preocupações e tem causado bastante ansiedade. Creio que, como líder religioso, talvez não devesse me envolver demais em questões específicas de política, mas, uma vez que a recessão afeta a felicidade de muitas pessoas, penso que é um tema que vale a pena examinar do ponto de vista religioso.

A recessão japonesa começou entre 1990 e 1991 e se estendeu por longo tempo. Durante esse período todo, o governo anunciou que a economia já havia chegado ao nível mais baixo e que estava voltando a crescer, mas o povo em geral não notou nenhuma mudança. Na verdade, a população está certa: a economia ainda precisa mostrar alguma melhora efetiva.

Como já mencionei antes, uma das causas do declínio econômico foi que, a partir de 1991, o povo japonês tornou-se muito crítico em relação à bolha econômica. A imprensa liderou o movimento de denunciar a bolha econômica e pressionou os políticos e as autoridades do governo para que aderissem ao movimento de acabar com a bolha.

Era natural que o público criticasse negócios que usavam práticas ilegais ou antiéticas para ganhar dinheiro fácil. Mas o coro de críticas contra a bolha econômica também trouxe um significativo prejuízo ao precioso espírito do capitalismo. Essas críticas à bolha, a meu ver, têm raízes na ideologia de esquerda que corre no fundo das mentes de burocratas, políticos e membros da imprensa. A ideia esquerdista de que os capitalistas são perversos disseminou-se entre essas pessoas. De certo modo, essa ideia germinou após o fim da Guerra Fria.

As dificuldades envolvidas em criar uma nova era

Há mais uma coisa que me chamou a atenção no surgimento dessa bolha. Quando Miyazawa Kiichi era primeiro-ministro, pediu que o preço da habitação fosse reduzido ao equivalente a cinco anos de salário[1]. E a tendência atual na verdade caminha nessa direção. Em vista disso, sinto agora que o governo e o Ministério da Fazenda daquela época podem ter previsto a atual situação, e que essa recessão já fizesse parte de seu plano.

---

1. Miyazawa Kiichi (1919-2007) foi um político japonês que pertenceu ao Partido Liberal Democrata (PLD), que detinha o poder. Foi o 78º primeiro-ministro do Japão, de 1991 a 1993.

Havia basicamente duas opções para tornar possível a alguém comprar uma casa na Área Metropolitana de Tóquio por um preço equivalente a cinco anos de salário. Ou o salário da pessoa precisaria aumentar substancialmente ou, então, teria de ocorrer um colapso no mercado habitacional ou uma queda significativa nos custos da construção civil. Naquela época, o Japão ostentava um dos maiores PIBs *per capita* do mundo, e a renda média das pessoas já era muito alta em comparação com a de outros países. Portanto, teria sido extremamente difícil alguém aumentar seus ganhos até alcançar aquele nível. Isso significava que a única maneira de chegar a essa meta seria fazer cair os preços dos imóveis. Portanto, mesmo lá atrás, em 1991, poderíamos ter previsto o subsequente colapso das instituições financeiras e o declínio do setor da construção civil.

Assim, a meu ver, a situação de recessão do Japão que vemos hoje[2] é exatamente o cenário planejado pelos políticos em 1991. Eles deviam estar cientes de que iríamos enfrentar problemas. Os resultados foram de longo alcance: a administração colapsou, e os políticos deixaram seus partidos, realinharam-se com outros partidos e passaram a fazer uma série de novas alianças. O ministro da Fazenda e outras autoridades

---

2. Refere-se a 2002, quando o livro foi publicado inicialmente.

do governo foram duramente criticados. O partido da situação perdeu o poder, e os políticos deixaram o partido e se reuniram para formar um governo de coalizão, enquanto a burocracia se desmantelava. Foi essa a extensão do dano.

Tudo isso pode ser resumido à seguinte questão: o processo que o país atravessa hoje é simplesmente uma destruição ou será uma destruição que precede alguma criação – um processo de criação de uma nova era, a era que está por vir? Se for apenas uma destruição, então conduzirá ao colapso do Japão. Mas, se for de fato uma "destruição criativa", uma destruição que permitirá construir um novo futuro, como descrito por Joseph Schumpeter, então teremos de suportar a dor e nos preparar para descartar nossos antigos procedimentos.

É uma pena que os principais líderes políticos ainda não tenham apresentado uma visão clara do nosso século e do que vem por aí. É por isso que assumem uma abordagem reativa aos problemas atuais, passando a lidar com os eventos somente depois que eles já se manifestaram.

2

Uma abrangente reorganização da classe capitalista

Está em curso uma revolução da propriedade imobiliária

Observando a circunstância em retrospecto, penso que poderíamos ter evitado a recessão se todos seguissem minha recomendação de não atacar e destruir a bolha econômica. Mas agora é tarde: a recessão já está em curso há muito tempo, e não há como voltar atrás. Tendo aceitado a situação, devemos pensar no que precisa ser feito, e é disso que quero tratar agora.

Primeiro, devemos examinar a situação atual como uma revolução no setor imobiliário ou uma abrangente reformulação da classe capistalista. O *establishment* japonês ruiu no final da Segunda Guerra Mundial. Isso deu lugar a uma nova safra de proprietários de terra e empresários, responsáveis pelo crescimento econômico dos cinquenta anos seguintes. Agora, porém, é hora de realizarmos outra transformação para alcançar o próximo nível de inovação.

Com essa compreensão, podemos ver algum valor na recessão, no sentido de que ela levou a uma abrangente reorganização da classe capitalista. Aqueles

• As leis da invencibilidade •

que compraram terras por preços baixos após a guerra fizeram grande fortuna. Em muitos casos, não foi algo decorrente do seu próprio esforço; o que ocorreu foi simplesmente que a subsequente elevação nos preços permitiu o surgimento de uma nova safra de novos-ricos. Aqueles que iniciaram novos negócios no pós-guerra conseguiram comprar terrenos e imóveis por preços baixos. Mas aqueles que montaram negócios mais tarde não puderam mais arcar com a compra de imóveis, portanto a maioria foi obrigada a alugar escritórios para instalar seus empreendimentos.

Além disso, os bancos japoneses hesitaram em emprestar dinheiro para quem não oferecesse alguma espécie de garantia; então, só emprestaram a companhias que fossem proprietárias de imóveis. Isso dificultou a situação daqueles que tentavam iniciar um novo comércio ou desenvolver um novo setor.

Com a recessão, os preços dos terrenos desabaram. Os investidores viram o valor líquido dos seus imóveis cair, e foram obrigados a abrir mão de ativos. Ao mesmo tempo, o procedimento pelo qual os bancos costumavam fazer suas transações, isto é, concedendo empréstimos apenas contra a garantia de imóveis, não funciona mais.

O consenso nacional rumo ao futuro

Vista sob esta luz, a situação oferece uma nova oportunidade para quem se candidata a industrial ou empresário. Para agarrar essa oportunidade, as pessoas precisam chegar a um consenso em nível nacional.

Muitos bancos que enfrentam dificuldades ou risco de falência precisam reestruturar seu sistema, que hoje se baseia em garantias por meio de imóveis. E para isso têm de estudar mais sobre a maneira como as corporações são montadas, desenvolvidas e geridas. Os bancos têm olhos apenas para o lado financeiro dos negócios, e não conhecem bem o tipo de trabalho com o qual seus clientes estão envolvidos ou como eles fazem para obter lucros. Em vez de oferecer empréstimos com base em garantias de imóveis, os bancos terão de ser capazes de avaliar os negócios com base em seu potencial de sucesso.

Se um banco financia determinado negócio, o volume de dinheiro que a companhia mantém no banco irá aumentar quando o negócio crescer. Além disso, a companhia pode pedir mais dinheiro emprestado do banco, o que irá também aumentar seus ganhos. Precisamos encontrar maneiras de criar prosperidade tanto para os empreendimentos quanto para os bancos. Para isso, os bancos agora devem compensar sua falta de estudo no passado e adquirir um capital intelectual sobre os novos projetos e sobre as indústrias do futuro.

O mesmo vale para os empreendedores. Eles precisam desenvolver um agudo senso dos negócios e das tendências futuras, se quiserem obter empréstimos sem garantias a fim de fomentar novos setores. Isso irá exigir deles muito estudo e aguçada sensibilidade.

Em particular, os negócios que vêm desfrutando do conforto e da proteção do governo ou de órgãos públicos não serão mais capazes de sobreviver. As companhias que cresceram sob a proteção burocrática terão de ficar mais enxutas ou vão falir. Os negócios que têm sido capazes de se desenvolver por conta própria, sem essa proteção, continuarão crescendo, mas aqueles que vêm se beneficiando da proteção governamental serão obrigados a se transformar.

Um bom exemplo disso é o setor agrícola. Ele tem se beneficiado há muito tempo da proteção do governo, mas precisa agora desenvolver o empreendedorismo para ter sucesso. É uma questão de tempo para que isso se torne claro. Os agricultores precisam virar empreendedores e comandar seus negócios. O mesmo vale para o setor da pesca.

Iremos assistir a uma mudança no tipo de pessoa que possui imóveis. Os indivíduos que antes não possuíam condições financeiras para adquirir as terras estão agora aproveitando a queda dos preços, adquirindo capital imobiliário e expandindo seus negócios. Por outro lado, os bilionários à moda antiga estão enfrentando o risco de falência. Precisam inovar mais uma vez e demonstrar um novo espírito empreendedor se quiserem sobreviver. É isso o que esta era está exigindo.

O setor da construção também está instável e provavelmente irá declinar no futuro. Os custos das construções provavelmente cairão, como ocorreu com os preços da terra. A desregulamentação permitirá que empresas estrangeiras de construção se dediquem a abrir estradas secundárias no Japão, e elas irão também construir edifícios de boa qualidade por preços muito menores.

O Japão pode ser um país rico, mas suas paisagens urbanas não são muito atraentes. É comum vermos casas e edifícios degradados. No entanto, à medida que os preços caírem, teremos maior liquidez nos imóveis. Ao mesmo tempo, a queda nos custos de construção irá permitir a construção de diversos tipos de edifícios. Isso mudará radicalmente a paisagem urbana, e logo começaremos a ver prédios e casas modernas por toda parte. Acredito que chegará um tempo em que viveremos em meio a esse tipo de inovação urbana, o que deve ser visto com bons olhos. Durante esse processo, aqueles que se beneficiavam de direitos adquiridos enfrentarão uma grave crise de administração. Mas isso é algo que não pode ser evitado se quisermos assegurar a chegada de um novo tempo. Devemos arcar com esse custo em nome do futuro da nação.

3
Tempo para investir em si mesmo
O valor do indivíduo ficará claro

No futuro próximo, muitos dos negócios que estiveram sob proteção governamental serão forçados a falir. Isso inclui não só pequenas firmas, mas também grandes corporações. Com isso, haverá desemprego em larga escala. A proteção do governo na realidade serviu para evitar o desemprego, porque essas companhias têm abrigado pessoas que de outro modo estariam desempregadas.

Conforme a taxa de desemprego sobe, as pessoas começam a mudar de emprego com maior frequência. Esse tipo de cultura de trabalho irá se desenvolver mais. E se as pessoas começam a mudar de emprego com maior frequência, seu valor fica mais claro. Antes, o valor das pessoas era largamente determinado pelo tipo de setor em que estavam, mas, a partir de agora, isso será medido com base em sua capacidade individual. As pessoas inevitavelmente irão adquirir uma compreensão mais clara de seu valor, e os indivíduos serão mais conscientes da quantidade de dinheiro que são capazes de ganhar em um ano.

Quando você trabalha para uma grande corporação, não é possível dizer quanto lucro você está gerando; portanto, algumas pessoas sequer se dão conta de que seu trabalho é inútil. Isso inclui alguns executivos que praticamente não têm o que fazer dentro da companhia.

A situação ficará bem mais difícil, mas o lado positivo é que o valor de cada indivíduo será avaliado com base em sua competência. As pessoas serão pagas de acordo com seu desempenho; com isso, seu real valor ficará bem mais claro.

Cultive a si mesmo durante a recessão

Nessa mesma linha, penso que os indivíduos começarão a descobrir o valor de investir em si mesmos e, assim, passarão a dar maior importância ao desenvolvimento de suas capacidades. Nesta recessão japonesa, muitas pessoas percebem que, com taxas de juros tão baixas, quase não há benefício em manter uma conta de poupança. Não querem investir em ações porque as corretoras estão em situação perigosa. Muitos estão até considerando guardar suas economias em casa.

Numa situação como essa, a forma mais eficaz de investimento é investir em você mesmo; o autoinvestimento produz o melhor retorno. A economia vai acabar se recuperando; então, você deve investir em algo que lhe traga lucro quando isso ocorrer. A atual taxa de juros no Japão é de menos de 1%; portanto, poupar dinheiro no banco praticamente não dará rendimento nenhum.

Vejamos agora que lucros o autoinvestimento pode trazer. Por exemplo, digamos que você investiu 10 mil dólares em desenvolvimento pessoal. Se esse investimento ajudar a abrir caminho para uma nova carreira, acelerar sua promoção ou resultar em uma oferta de melhor salário de outra companhia, seu investimento trará um retorno muitas vezes superior à quantia inicialmente investida. Investir em você pode trazer maior lucro do que os juros que você receberia de um banco.

Isso significa que, em épocas de recessão, se você vai gastar dinheiro, é melhor usá-lo para aprimorar sua instrução ou para aprender algo novo que possa desenvolver seu potencial. Claro, você pode gastar em viagens ou outras coisas, mas de qualquer modo irá descobrir que consegue o maior retorno por seu dinheiro investindo em seu desenvolvimento. Ou, se você tem uma família, pode investir na educação dos filhos em vez de investir em você. Este também será um investimento extremamente lucrativo.

Penso que a atual recessão continuará por um tempo e, por isso, muitas pessoas podem perder o entusiasmo por seu trabalho, e a lentidão da economia pode também causar a sensação de decadência nas ruas da cidade. No entanto, lembre-se de que apenas aqueles que são capazes de sobreviver e perseverar em tempos difíceis é que têm condições de se tornar líderes na próxima era.

4
Redefina o valor da sua família e da espiritualidade

Faça um retrospecto da sua vida

Uma maneira de lidar com a recessão é voltar-se para sua vida privada. Você pode fazer disso uma oportunidade para redefinir o valor da sua vida familiar.

Aqueles que são *workaholics* e que antes, numa época de economia forte, viviam socializando com os colegas de trabalho e clientes, podem agora, num período de recessão, ter de apertar o cinto e evitar saídas em excesso. Talvez você sinta falta daquela vida social mais ativa, mas é uma boa ideia aproveitar essa época para redescobrir o valor da família. Tenho certeza de que cuidar da sua família é uma grande inovação que você pode introduzir na sua vida; com isso, será capaz de descobrir novos valores.

Em períodos de crise, as pessoas param de ser tão materialistas e ávidas por riqueza, e em vez disso voltam-se mais para valores religiosos. É por isso que as religiões se difundem tanto em épocas de recessão. Em certo sentido, uma recessão traz um interesse bem maior pela religião. Isso porque as pessoas que se voltavam para o dinheiro e para objetos materiais começam a refletir sobre a própria vida e ficam mais introspectivas. Começam a sentir que deveriam colocar um freio em sua ambição e repensam sua vida.

Penso que essa mudança pode proporcionar lições de vida importantes. Assim como as pessoas só dão o devido valor à sua saúde quando adoecem, os *workaholics* podem transformar o período de recessão em uma oportunidade para refletir sobre a vida que têm levado. Encontram uma chance de redescobrir os prazeres da convivência familiar e de fazer uma retrospectiva de sua vida. Este pode ser um período muito importante e valioso.

Aprimore sua alma levando uma vida espiritualizada

Em uma época de recessão, é extremamente importante que você invista no desenvolvimento de sua espiritualidade. Desvie seu foco de uma vida de ostentação e extravagância para uma vida baseada em valores interiores. É tempo de apreciar o valor da fé e o sentido da vida espiritual, olhar para seu interior e aguçar seus sentidos para poder compreender o verdadeiro valor da espiritualidade, e o que significa viver nesta era da espiritualidade.

Num sentido amplo, isso é parte também de um autoinvestimento. Aumentando sua consciência espiritual, você pode dar mais profundidade ao seu caráter e desenvolver suas qualidades interiores. Cultivando a espiritualidade e aprimorando sua mente por meio da vida religiosa, você se torna uma pessoa de caráter e atrai outras pessoas. Essa é uma qualidade muito importante que você deve desenvolver se quiser se tornar um executivo de negócios. Nesse sentido, elevar sua espiritualidade é um bom investimento em si mesmo.

Em suma, em épocas de recessão, você deve redescobrir os valores familiares e cultivar seu interior. Ao mesmo tempo, deve reavaliar seu investimento em educação e estudo. Você pode encontrar muito material educativo de qualidade por baixo custo. Os livros, por exemplo, são baratos e valiosos. Um livro pode custar de 30 a 60 reais apenas, mas a informação que ele contém muitas vezes vale bem mais do que isso. Há um limite para o número de livros que você é capaz de ler; portanto, você não precisa ser um bilionário para poder comprar todos os títulos em que estiver interessado. Mas as informações que você pode extrair deles são de valor inestimável. É importante que você valorize muito estudar desse modo.

5
As sementes do futuro estão no presente

Faça uma revisão das operações do seu negócio

Nesta seção, quero me concentrar na atitude que os executivos de negócios e donos de companhia devem ter em épocas de recessão. O período de crise econômica oferece uma oportunidade para reavaliar as operações de seus negócios. Isso se deve ao fato de que os produtos e serviços que não eram verdadeiramente bons param de vender durante uma recessão.

Se determinado produto vendia apenas porque a economia estava aquecida e não porque fosse popular

• Como superar uma recessão •

ou tivesse alta demanda, você deve reavaliar as operações de seu negócio e ver se é o caso de parar de comercializar o produto. Deve retirar os produtos e serviços que não atendem às necessidades do público ou têm pouca receptividade.

Em seguida, precisa fazer um exame profundo sobre o que os consumidores realmente querem. Isso é particularmente importante durante uma recessão porque as pessoas se tornam mais rigorosas quanto a gastar dinheiro e o fazem somente com produtos que oferecem boa relação custo-benefício. Em outras palavras, os produtos, serviços e negócios que vão bem durante uma recessão são de fato superiores em qualidade, então você deve levar a sério essa meta de desenvolver bons produtos e serviços.

Temos, na realidade, uma população muito grande neste mundo; hoje somos mais de 7 bilhões, com mais de 120 milhões apenas no Japão. Como as pessoas vivem em sociedade, sempre haverá alguma atividade econômica; sempre haverá uma demanda para vários produtos e serviços. Entretanto, as pessoas se tornam muito mais seletivas em épocas de crise.

Você não deve culpar a recessão pelo declínio nas vendas, pela queda nos lucros ou pela falência de sua companhia. Em vez disso, encare a recessão como uma *koan* zen (meditação temática zen), que é dada a você como um teste, para ver se seu negócio é de fato capaz de se transformar e se tornar forte o suficiente para sobreviver à atual recessão. Você deve descobrir os pontos fracos de sua companhia e se concentrar em aproveitar melhor seus pontos fortes.

Busque sempre novas informações

Executivos e empreendedores devem sempre procurar cultivar as sementes do seu negócio – para o amanhã, o próximo ano, a próxima década, a próxima era. É muito importante que descubram e alimentem essas sementes. Nem sempre você irá encontrá-las lendo livros ou estudando. Você precisa mergulhar na sociedade e aprender por observação. De qualquer modo, a primeira coisa a fazer é descobrir essas sementes, para saber como será a rotina dos negócios no futuro.

As sementes do futuro não vão surgir do nada; suas primeiras manifestações ocorrem no presente. Você pode descobrir dicas e ideias sobre tendências futuras no próprio mundo em que vive, naquilo que as pessoas dizem e pensam e na informação disponível em jornais, revistas e na televisão. Pode achar sementes de negócios em coisas às quais as pessoas não prestaram atenção. O futuro pode ser lido no presente. Podemos encontrar sementes do futuro hoje. É importante que você sempre se pergunte quais poderiam ser as sementes do futuro, que aspectos poderiam ser sementes de novos setores, e procurar isso no presente. Para tanto, precisa estar sempre em busca de novas informações. Essa atitude é fundamental.

A capacidade de detectar novas informações varia de uma pessoa para outra, mas cabe a ela a responsabilidade de colher informações. Você pode obter muito mais informação se tiver uma atitude ativa, procurando por ela 365 dias por ano, em vez de ficar esperando que chegue a você. Portanto, é essencial que se mantenha atento a eventuais sementes de negócios futuros, ao mesmo tempo que se empenha no seu autodesenvolvimento.

A recessão pode ser um tempo para reestruturar seu negócio como um todo. É uma época adequada para pensar em alterar todo o fluxo de trabalho e a estrutura básica de sua companhia, inclusive sua estrutura de custos e de receitas.

O alto comando de uma empresa, em particular, deve ser ágil para sentir quais são as tendências em curso. Não pode ficar atolado em papelada e rotinas diárias. Não deve ficar vendo as mesmas pessoas todos os dias. Em vez disso, deve estar a todo momento pensando em como o futuro irá se apresentar e em como o mundo irá mudar. Você precisa reservar a si mesmo espaço suficiente para fazer isso e ver o mundo por uma perspectiva abrangente, a fim de ser bem-sucedido na gestão de seu negócio.

∞6∞
Os períodos de transição trazem novas oportunidades

Ao fazermos um resumo do que foi discutido até aqui, podemos dizer que o Japão está passando atualmente por uma revolução da estrutura industrial. O país vai levar pelo menos dez anos para concluir essa reforma, ou mais. Talvez isso o leve a experimentar vários momentos trágicos e cômicos, mas o importante é ser firme e sobreviver. Aqueles que cultivam sua mente e estão constantemente procurando as sementes do futuro serão vencedores no final.

A ideia japonesa de que "é mais seguro procurar abrigo sob uma árvore grande" não se aplicará mais. Aqueles que acreditam que seu emprego é seguro só porque trabalham para uma grande corporação serão passados para trás, um após o outro. O mesmo vale para aqueles que têm recebido proteção do governo e acreditam que podem viver à custa dos impostos pagos pelos demais; virá o tempo em que ficarão sem nada. Tanto os funcionários públicos como as pessoas que vivem de subsídios não serão mais capazes de sobreviver, a menos que tenham espírito empreendedor. Precisam ter a coragem de adotar novos valores, descobrir as necessidades dos outros e depois oferecer produtos e serviços que atendam a essas necessidades, a fim de poder superar os tempos difíceis.

Estou certo de que o governo pretende implantar várias medidas para combater a recessão, e eu mesmo poderia pensar em algumas. Mas não quero falar aqui sobre macroeconomia. No nível individual podemos afirmar que nunca faltará trabalho para quem visualiza o futuro, descobre e cultiva a semente do futuro – semente capaz de criar negócios do futuro.

Vivemos hoje um período de transição que oferece oportunidades para novos negócios. Os empreendedores e inventores de amanhã irão emergir entre as pessoas que estão agora atravessando dificuldades e se sentem confusas a respeito do que fazer. Esse período pode até dar origem a conglomerados gigantescos.

Isso é o que irá acontecer no futuro. Novos negócios irão tomar o lugar dos atuais. Veremos surgir muitos empreendedores que criarão coisas de grande valor em seu tempo de vida. Nesse sentido, todos nós estamos no auge de uma revolução. Isso exige de todos, de um lado, uma observação minuciosa dos acontecimentos cotidianos, para não sermos pego de surpresa, e de outro, que se cultive o autodesenvolvimento a partir de uma perspectiva macro. É assim que poderemos superar a recessão.

Capítulo 5

O modo ideal de ser

~ Use a sabedoria e siga
o caminho do meio ~

1
As armadilhas do otimismo

Chegar ao próprio limite: o exemplo de um primeiro-ministro japonês

Na primavera de 2000, o primeiro-ministro japonês Obuchi Keizo faleceu de derrame, o que acarretou a substituição da liderança do país. Quando ouvi a notícia, compreendi várias coisas. Como diz o ditado: "Quem vê de fora enxerga melhor". Alguém que examina a situação a certa distância, e que não tem interesses investidos nela, pode perceber coisas que as pessoas envolvidas não são capazes de ver.

Vamos examinar o que provocou a morte repentina do primeiro-ministro enquanto estava no cargo. A causa direta pode muito bem ter sido a erupção do monte Usu, em Hokkaido (em 2000), ou seja, um desastre fora do controle humano. Pode também ter sido o rompimento da coalizão governamental causada pela saída do Partido Liberal da aliança no poder. Esses eventos provavelmente causaram nele um estresse muito grande. Alguém do governo comentou que Obuchi havia recebido uma punição divina por ter causado um rombo no orçamento. Outros disseram que ele havia sido punido porque, embora defendesse um país próspero e virtuoso, demonstrara falta de sentido ético ao juntar forças com um partido, cuja organização original era vista por muitos como uma religião equivocada.

Deixando de lado as diferentes teorias e suposições que surgiram na época, penso que ele simplesmente chegou ao limite de sua capacidade. Em seu primeiro mandato, saiu-se bem melhor do que o esperado, mas talvez não tivesse competência para cumprir os deveres de um primeiro-ministro. No segundo mandato, sua sede de poder, sua audácia e ambição tornaram-se evidentes, e ele ficou sob a estrita vigilância do público. Esforçou-se demais, tentando reconquistar popularidade ao promover a Cúpula Mundial de Okinawa (em 2000). Procurava com isso dar uma sobrevida à sua carreira política, mas faltou-lhe competência para lidar com tudo e, no final, sucumbiu.

Outra possibilidade é que tenha tido uma estafa por falta de confiança em suas decisões políticas ou em sua capacidade de criar uma visão para o futuro da nação. Talvez nisso tenha se esforçado além do que podia – quem sabe tentando compensar sua falta de confiança por meio de políticas de boa vizinhança com outras personalidades da política. Em vez de discretamente meditar sobre um projeto nacional, preferiu ganhar popularidade entrando em contato com as pessoas. De um ponto de vista objetivo, parece ter chegado ao limite de sua capacidade e deixado passar a hora certa de sair do cargo. Mas, considerando-se o desapontamento do falecido, talvez eu não devesse ser crítico demais com ele.

Se eu perguntar quantos primeiros-ministros o Japão teve durante a década de 1990 a 2000, você provavelmente não saberá dizer na hora. Terá de contá-los um por um, pois, em apenas uma década, foram oito primeiros-ministros. Por que temos de trocar de primeiro-ministro com tanta frequência? Penso que é porque o Japão cresceu muito e passou a ter uma influência tão poderosa nos assuntos internacionais que virou um fardo excessivo, e não há como uma pessoa sozinha assumir a responsabilidade por todos os aspectos do governo.

Esses primeiros-ministros não conseguiram ocupar o cargo por muito tempo; ficaram exauridos após um ou dois anos. Não tinham suficientes reservas intelectuais, teóricas, filosóficas ou físicas e, portanto, faltou-lhes a competência necessária para sobreviver a um mandato de quatro anos, como fazem os presidentes americanos. O Japão ainda não produziu pessoas desse calibre. Em outras palavras, o Japão tem muitas pessoas capazes de assumir o cargo, mas apenas por um ou dois anos, e não mais que isso. Seja como for, a política japonesa ficou muito complexa e sofisticada e tem sido cada vez mais difícil para qualquer indivíduo assumir sozinho a responsabilidade pela nação inteira.

Como olhar para um copo com água pela metade

Em seus discursos no Parlamento, o primeiro-ministro Obuchi mencionava uma parábola que fala a respeito de otimismo e pessimismo. Quando você olha para um copo com água pela metade, pode dizer que o copo está meio cheio ou que está meio vazio. Obuchi dizia preferir a visão otimista, e olhar para o copo considerando-o meio cheio. Não é comum recorrer a uma metáfora coloquial como esta no Parlamento, e não soa como algo redigido por algum assessor do governo; portanto, provavelmente reflete a visão pessoal dele.

Essa parábola expressa um dos princípios fundamentais do pensamento otimista. O fato de você dar maior ênfase à metade cheia de água do que à metade não preenchida define sua visão da vida e como você encara a felicidade e a infelicidade. Com certeza, se você se concentra nas coisas que não possui, vai se sentir cada vez mais aborrecido e infeliz; mas, ao se concentrar no que já possui, se sentirá mais feliz. Esse é o ponto de partida do pensamento otimista. Numa visão religiosa, sem dúvida é bom você se sentir grato pelo que tem recebido. No entanto, há um problema com essa maneira de pensar. Embora essa perspectiva possa ser positiva para um indivíduo, um político responsável por todo um país ou um executivo de empresa responsável pela vida de mais de uma centena de funcionários nunca deve deixar de considerar o fato de que o copo está com uma de suas metades vazia.

Do ponto de vista individual, é muito bom dizer que as coisas são apenas o que você faz delas, mas isso representa um problema quando alguém que está à frente de uma grande empresa toma decisões com base apenas nessa crença. A visão subjetiva pode mudar – um indivíduo pode decidir olhar de preferência para a metade cheia ou para a metade vazia –, mas isso não muda o fato objetivo. Quando você é o líder de uma grande organização e negligencia esse aspecto, fica propenso a cometer erros fatais.

O fracasso do exército japonês na Guerra do Pacífico

Esse tipo de pensamento otimista pode ser desastroso quando aplicado a táticas de guerra, pois às vezes faz os líderes ignorarem a logística. Na Guerra do Pacífico[1], o exército japonês cometeu o grave erro de

---

1. A Guerra do Pacífico refere-se ao teatro de guerra do Pacífico (que inclui as ilhas polinésias, o Sudeste e o Sudoeste da Ásia) na Segunda Guerra Mundial.

ver a situação como um copo meio cheio. Quando os estrategistas no quartel-general imperial mandaram os soldados para o fronte sul, a suposição era que eles seriam capazes de encontrar comida suficiente nas florestas da região, embora os estrategistas nunca tivessem visitado o local. Teria sido diferente se eles tivessem de fato estado ali para avaliar a situação, mas eles simplesmente consultaram os mapas e concluíram que numa floresta tropical não deveria haver escassez de comida nem de água. Preferiram supor que os soldados seriam capazes de conseguir comida e continuar lutando.

Na realidade, porém, com a escassez de suprimentos de comida e água, os soldados viveram um verdadeiro inferno. Em Guadalcanal, ilha no Pacífico Sul, 20 mil soldados morreram em razão dos combates, da fome e de doenças. As ordens deveriam ter sido dadas por pessoas que conheciam a real situação, pois ordens dadas por quem não sabe nada levam apenas ao desastre.

Outra tragédia ocorreu na Batalha de Imphal[2], quando o exército japonês atacou as forças britânicas estacionadas em Imphal, a fim de auxiliar o exército nacional indiano. O exército japonês planejou cru-

---

2. A Batalha de Imphal ocorreu durante a Segunda Guerra Mundial, em torno da cidade do mesmo nome, no estado de Manipur, nordeste da Índia, entre março e julho de 1944. O exército japonês tentou destruir os exércitos aliados em Imphal para alcançar a Índia, mas foram rechaçados de volta à Birmânia, com pesadas perdas em homens e material.

zar a serra de Arakan a partir da Birmânia e entrar na Índia. Mas não havia praticamente nenhum plano para obter comida, e os soldados receberam ordens de avançar movidos apenas por sua força mental. Depois de uma marcha devastadora, cerca de 30 mil soldados japoneses morreram. É fácil construir castelos no ar quando você está excessivamente focado em atitudes mentais.

Geralmente acredita-se que o Japão perdeu a Guerra do Pacífico para os Estados Unidos por falta de recursos. Mas, quando examinamos a fundo a questão, fica claro que o Japão foi derrotado na guerra de informação. As forças americanas estavam muito bem equipadas com radares e sabiam as posições de todos os navios e aeronaves japoneses, enquanto estes não tinham a menor ideia de onde estava seu inimigo. Nesse tipo de situação, é quase impossível vencer. O Japão já perdera antecipadamente a guerra de informação.

O Japão havia desenvolvido uma forma rudimentar de radar antes dos Estados Unidos, mas os militares japoneses não deram importância ao fato. Assim, foram os Estados Unidos que desenvolveram aplicações práticas da tecnologia do radar. Além disso, no ataque a Pearl Harbor, o Japão testou a eficácia de forças-tarefa aéreas transportadas em porta-aviões, mas foram os americanos que aprenderam a lição. A marinha japonesa continuou concentrando forças em navios de guerra do tipo encouraçado. Para piorar a situação, os comandantes navais japoneses muitas vezes evitavam usar navios de guerra por receio de perdê-los.

Como vemos, embora em certos casos seja verdade que o ponto de vista muda tudo, em termos objetivos você não consegue mudar os fatos ou sanar discrepâncias de tecnologia e de conhecimento simplesmente mudando seu modo de enfocar a questão.

O otimismo simplório atrai o mal

A maneira de você olhar para um copo d'água talvez seja uma questão irrelevante, mas quando se trata de suprir alimento para um grande número de soldados, pode virar um problema enorme. Não é difícil calcular quanta comida será necessária para que determinado número de soldados marche durante determinado número de dias. Mas, se o comandante não se dá ao trabalho de fazer esse cálculo, dizendo que tudo depende do ângulo a partir do qual se olha para as coisas, então a marcha pode se tornar uma marcha fatal.

A ideia de que a percepção muda tudo pode ser um bom modo de encorajar indivíduos, mas não funciona para comandar uma organização. Ter a precaução de avaliar a sustentabilidade não é um ato de covardia ou um pensamento negativo, contrário a uma visão positiva; é uma questão de sabedoria. Os desastres naturais como os terremotos, por exemplo, podem ser causados pela deterioração da moral humana ou pela ira dos Céus, mas ainda cabe a nós construir edifícios e rodovias à prova de terremotos se quisermos minimizar os danos que eles provocam. Não faz sentido esperar que o poder divino proteja os edifícios que não foram construídos com essas precauções. Os seres divinos não irão estender seu auxílio a esse ponto. Não vão operar milagres para salvar edifícios cujos blocos de concreto não foram devidamente preenchidos ou que não dispõem de barras de aço para reforçá-los. O edifício precisa ter algum nível de resistência a terremotos.

O otimismo pode ser muito eficaz como filosofia básica para indivíduos. Contudo, em situações em que a vida de muitas pessoas está em jogo, como em guerras e nos negócios, ou outras situações em que alcançar o sucesso seja vital, o caminho mais fácil pode resultar em fracasso ou abrir as portas para o mal. Mesmo um pensamento celestial às vezes pode se transformar em algo infernal.

Notei o mesmo tipo de problema na filosofia de Taniguchi Masaharu[3] quando li seu livro *Seimei no*

---

3. Taniguchi Masaharu foi um líder religioso japonês, fundador da Seicho-No-Ie.

Jisso ("A Verdade da Vida"). Tendo em conta que o livro foi escrito antes da Segunda Guerra Mundial, talvez eu não devesse criticá-lo agora, mas nesse livro ele afirma que não devemos pensar de modo algum em doenças, porque tais pensamentos irão atraí-las. É claro, há alguma verdade nisso. Se você fica o tempo todo pensando em doenças e preocupado porque pode adoecer, não será capaz de viver produtivamente. No entanto, ele prossegue dizendo que, ao sair em viagem, é estúpido levar remédios movido pela preocupação de talvez adoecer e que isso atrai doenças. Não penso que levar remédios com você seja um pensamento negativo, que só irá atrair o mal; considero uma atitude sensata. Não é algo oposto ao pensamento positivo nem que impeça a pessoa de acreditar que coisas boas irão acontecer, mas faz parte da sabedoria. Levamos remédios conosco não porque queremos ficar doentes. Quando você está em viagem, não há como ir até seu médico, ou talvez não tenha fácil acesso a instalações médicas adequadas, sobretudo em viagens ao exterior. Pode ser que não encontre lá fora o remédio de que precisa, então você leva os remédios consigo, por precaução.

 A ideia de não levar remédios porque isso poderá atrair doenças pode ser um conselho adequado para certas pessoas, mas em termos de probabilidades estatísticas a ideia certamente não se aplica a todos. Um líder afirmar a toda uma população que não deve levar nenhum remédio ao viajar pode trazer más consequências. É simples falta de bom senso.

Embora a ideia do copo meio cheio possa funcionar no nível do indivíduo, é preciso considerar o que aconteceria se fosse aplicada a questões do governo. Quando há um grande déficit nacional, não podemos resolver o problema simplesmente dizendo que estamos bem, já que temos muitos ativos. Seria muita irresponsabilidade lidar com o problema desse modo.

Precisamos ter uma visão objetiva quando se trata de questões relacionadas à administração de organizações e a medidas do governo ou da nação, porque o otimismo que parece ser um pensamento progressista no nível individual às vezes traz graves prejuízos.

2
Use o poder da sabedoria

A filosofia de sucesso do magnata do aço Andrew Carnegie

Se você não tem habilidades especiais, procure cercar-se de pessoas talentosas e realizará um bom trabalho. Essa era a filosofia prática do magnata do aço Andrew Carnegie[4]. Ao que parece, ele mandou colocar uma mensagem mais ou menos nesses termos em sua lápide.

Com certeza há humildade na atitude de atribuir seu sucesso a pessoas mais capazes, que você tenha colocado para ajudá-lo, em vez de se considerar responsável por isso. Mas é importante notar que na época de Carnegie havia muitas pessoas capazes que não tinham tido a oportunidade de receber uma boa educação, pelo simples fato de que o sistema educacional ainda não estava bem estabelecido. Andrew Carnegie recebeu pouca educação formal, não por incapacidade, mas porque não teve essa oportunidade. Por isso, seria errado interpretar suas palavras de humildade como se quisesse dizer que todo mundo é capaz de usar com eficácia a capacidade dos outros. Não é fácil gerir pessoas. Você precisa de sabedoria para aproveitar ao máximo o talento alheio. Também demanda esforço construir um sistema que lhe permita usar bem os indivíduos capazes.

Como disse antes, o pensamento otimista funciona bem para incentivar as pessoas, mas, quando aplicado a uma organização de certo porte, pode fazer

---

4. O escocês Andrew Carnegie (1835-1919), de origem humilde, tornou-se um dos maiores industriais do capitalismo norte-americano. Em sua lápide, fez constar a seguinte frase: "Aqui jaz um homem que soube se cercar de homens melhores do que ele".

• O MODO IDEAL DE SER •

com que os funcionários dependam demais dos outros ou se eximam da responsabilidade por seu trabalho. Os líderes enfrentam uma dura realidade. Precisam ser capazes de avaliar bem a própria capacidade, o conhecimento que acumularam, a quantidade de esforço que estão investindo e o apoio que recebem dos outros, assim como o grau de abrangência de sua força, de suas vantagens logísticas.

Reduza o foco de suas ideias de acordo com o crescimento da organização

Na Happy Science, desenvolvemos inúmeras atividades nas últimas décadas. No inicio, quando a organização ainda era pequena, praticamente toda ideia colocada em prática era bem-sucedida. Quase todos os nossos projetos e eventos eram um sucesso. Enquanto a organização era pequena, obtivemos sucesso em quaisquer que fossem as ideias implantadas.

Quando nossa organização alcançou determinado porte, começamos a limitar o foco de nossas ideias e decidimos só investir naquelas que considerávamos que seriam bem-sucedidas. Abrimos mão de alguns projetos que iriam exigir desdobramentos adicionais, e de algumas ideias que, segundo nossa avaliação, poderiam ter impacto negativo na nossa organização. Com frequência, conseguimos alcançar um crescimento adicional depois de abrir mão desses projetos e ideias.

À medida que uma organização se expande, ela não pode continuar a pôr em prática todas as ideias e projetos que surgem. Em vez disso, deve reduzir a lista de projetos e dar forma às melhores ideias, até sentir confiança em seu sucesso. Só então é que deve implantar seus planos. Ideias executadas de modo precipitado, sem muita ponderação, com frequência fracassam.

Quando uma organização alcança determinado porte, os líderes precisam reavaliar o peso de sua responsabilidade, o sentido de suas decisões e o grau de sua influência. Têm de ser pacientes e abrir mão de alguns planos quando sentem que as pessoas encarregadas de levá-los adiante não têm chance de ser bem-sucedidas.

Alguns projetos devem ser adiados até que apareça alguém capaz de realizá-los. Se os líderes seguirem esse caminho, dificilmente vão errar.

As organizações continuam se transformando conforme crescem, portanto os líderes precisam mudar sua maneira de pensar de acordo com isso. Por exemplo, uma ideia muito útil que tenha sido implantada este ano pode não funcionar bem daqui a cinco ou dez anos.

• O MODO IDEAL DE SER •

Use o poder da sabedoria tanto em suas ofensivas como para se defender

As perspectivas que ajudam as pessoas a resolver suas questões internas podem sobreviver por mil ou dois mil anos, mas é preciso avaliá-las em profundidade quando elas envolvem muitas pessoas, exercem influência na sociedade e interagem com outras organizações e grupos.

Mesmo as organizações religiosas precisam montar equipes de funcionários e reservar uma verba todos os anos para pagar essas equipes. Você poderia alegar que hoje em dia nem os mendigos passam fome, portanto os funcionários dessas equipes poderiam muito bem se virar ganhando metade do que ganham, mas isso não corresponde à prática. A organização ainda precisa gerar renda suficiente durante o ano para poder pagar sua equipe. Não é correto supor que, na sociedade atual, a equipe não irá morrer de fome por falta de dinheiro e que, portanto, poderia viver com metade do que ganha hoje.

Do mesmo modo, você pode pensar em cortar suas despesas e convencer seu senhorio a aceitar que você pague apenas a metade do valor do aluguel. Se for por um curto período de tempo, talvez ele aceite seu pedido dizendo: "Certo, eu entendo que sua organização está trabalhando arduamente por uma boa causa; então, vou fazer minha parte e reduzir seu aluguel por seis meses".

Você poderia depois compartilhar essa história com outras pessoas como um exemplo bem-sucedido de pensamento otimista. Mas, numa visão mais ampla, essa maneira de fazer as coisas carece de sabedoria. Esse exemplo não difere daqueles que analisei antes, do copo com água até a metade e das rações do exército.

O pensamento positivo irresponsável ou o otimismo temerário podem funcionar bem em questões individuais, mas quando aplicados a uma organização causam a estagnação do negócio, viram um pretexto para não fazer o esforço necessário ou se tornam uma enganação.

Ao enfrentar uma situação difícil, você não deve perder as esperanças em relação ao futuro. Ao contrário, use o poder da sabedoria para lidar com ela. Use o poder da sabedoria tanto em ações ofensivas quanto defensivas. Não basta você se concentrar apenas na defesa ou no ataque; você precisa saber fazer as duas coisas.

3
Nem sempre os desenhos do seu coração irão se realizar

Faça um exame cuidadoso de suas capacidades

Num nível mais profundo, o mesmo pode ser dito de cada indivíduo. Eu ensino que temos total liberdade dentro do nosso coração, mas também é inegável que cada qual possui capacidades inatas, como força física, inteligência e temperamento. É possível se esforçar e mudar alguns aspectos da personalidade, mas não há como se transformar totalmente em outra pessoa. Sua personalidade é, em grande parte, o que define seu ser. Assim, em vez de ficar afirmando ingenuamente que quer ser feliz seja como for, você deveria começar a pensar seriamente no que é capaz de conseguir com base em sua personalidade, sua capacidade e sua força física, e também levar em conta seu ambiente de trabalho e suas relações com a família e os amigos. Pergunte a si mesmo do que é capaz, e pense na sua imagem ideal.

Sua meta não deve ser pura fantasia ou uma ideia abstrata. Avalie com serenidade sua real capacidade e o ambiente à sua volta e encontre uma maneira de aproveitar ao máximo suas aptidões. Ao mesmo tempo, certifique-se de que o fato de alcançar sua meta não irá prejudicar as pessoas à sua volta. Verifique se a imagem deste eu ideal que você projeta em sua mente não é egoísta demais e não vai trazer danos aos outros ou deixá-los de algum modo infelizes. Ao tentar concretizar o desenho que você traçou em seu coração, pense não apenas em si mesmo, mas também em seu relacionamento com aqueles que o cercam.

A batalha de poderes psíquicos entre Hitler e Churchill

Uma das leis do coração espiritual afirma que nos tornamos aquilo que pensamos. Ou seja, tornamo-nos o tipo de pessoa que acreditamos ser. Os padrões mentais que alimentamos irão ganhar forma e se manifestar na realidade. É por isso que as coisas costumam se transformar naquilo que gravamos em nosso coração. Essa lei aplica-se não só a nós, mas também aos outros. As coisas assumem a forma daquilo que pensamos.

Por exemplo, o político alemão Adolf Hitler deve ter tido uma visão da dominação nazista da Europa e da criação de um império europeu. De certo modo, foi bem-sucedido em concretizar essa meta. A visão que ele sustentou em sua mente quase se concretizou quando ele estava prestes a se tornar vencedor. Mas então veio o estadista britânico Winston Churchill e teve em sua mente a firme visão de que os nazistas eram um mal e que ele iria derrotá-los. A visão de Hitler de uma Europa dominada por ele e a visão de Churchill de destruir Hitler e o fascismo foram se desdobrando e entrando em choque. Ambos tinham grande poder mental, por isso suas visões ganharam o coração de inúmeras pessoas, que entraram em choque para defendê-las.

Do ponto de vista espiritual, foi como uma batalha entre feiticeiros ou magos; em termos simples, foi uma batalha de poderes psíquicos. Tanto Hitler quanto Churchill eram capazes de controlar a mente de milhões de pessoas. Cada um desses dois feiticeiros tinha na mente uma visão que entrava em choque com a do outro, e a batalha se iniciou. Em situações como essa, é raro uma das partes alcançar uma vitória total. Se uma delas for dez vezes mais forte, poderá obter a vitória total, porém não é o mais frequente. A visão da sua mente poderá ser destruída se alguém com um desejo mais forte se opuser a você.

Costuma-se dizer que a visão que você alimenta em sua mente se torna realidade, não importa se é boa ou má. Isso com certeza parece ser verdade no nível individual. Mas você estará equivocado se achar que qualquer coisa que pensar se tornará real sem que haja a interposição do certo e errado. Por exemplo, ladrões e homicidas podem chegar a concretizar suas visões, que são voltadas para a realização de roubos e assassinatos, mas então a polícia sairá ao encalço deles tendo em mente a visão de prendê-los. Ou seja, haverá um poder oposto agindo para evitar que a visão de alguém se realize.

Embora algumas pessoas sejam capazes de cometer crimes, elas não podem agir assim indefinidamente. Serão detidas por aqueles que nutrem uma visão de capturar os culpados. É comum haver forças ou pessoas opostas sustentando visões opostas. Assim, mesmo as pessoas mais ambiciosas descobrem que raramente são capazes de concretizar suas visões.

Dissuasão do mal

Citei Hitler como exemplo de uma pessoa cuja visão mental pode não se concretizar. Gostaria de mencionar um caso semelhante: o do guru da seita Aum Shinrikyo[5] no Japão. Ele foi muito maltratado pelos pais e nutria ressentimento da sociedade por acreditar que esta o havia oprimido e rejeitado. Ele invocou Shiva, o deus indiano da destruição, para ajudá-lo a se vingar, e afirmou ser uma reencarna-

---

5. Movimento religioso fundado em 1984 no Japão e designado como uma organização terrorista por vários países. A seita ganhou notoriedade internacional quando realizou o ataque com gás sarin ao metrô de Tóquio, em 1995.

ção de Shiva. Tentou justificar sua vingança com base em uma lógica religiosa que ele mesmo criou. Voltou sua raiva contra a nação e nutriu um desejo de conquistar e governar o país.

Tivemos no passado pessoas que foram bem-sucedidas nesse tipo de tentativa, portanto seus planos não estavam necessariamente condenados a fracassar. Mas sua visão não se concretizou porque fui capaz de ver sua motivação real. Descobri o que a Aum Shinrikyo pretendia em 1991, antes de acontecer a tragédia, então critiquei-a publicamente apontando seus erros. Eu sabia que eles estavam cometendo atos criminosos. Esclareci isso em uma entrevista à imprensa, portanto algumas pessoas da mídia já tinham a essa altura conhecimento do que os seguidores da Aum Shinrikyo estavam fazendo.

Como este caso mostra, é possível impedir que uma visão se concretize quando alguém que é capaz de vê-la tem o poder de se opor a ela. Seus pensamentos podem se tornar realidade até certo ponto, mas quando aparece alguém com um pensamento contrário, os dois pensamentos podem se anular. Em alguns casos, o desejo oposto reduz o impacto do seu desejo, e seu desejo pode até perder para o desejo do outro.

Se você sair hoje decidido a cometer um crime, é bem possível que consiga seu intento. Por exemplo, pode acertar a cabeça de alguém com um cassetete.

Como se trata de uma decisão repentina, a maioria das pessoas não será capaz de evitá-la. Mesmo alguém treinado em kendô talvez não consiga se esquivar do golpe, já que não está esperando seu ataque. Mas, depois, você não será mais capaz de continuar atacando pessoas pela rua, pois será dominado pelos transeuntes.

Nem sempre seus desejos se realizam, quer sejam bons ou maus. Há muitas pessoas na sociedade determinadas a combater más ações, e os pensamentos delas servem como dissuasão do mal. Aqueles que nutrem maus pensamentos cedo ou tarde irão descobrir que as coisas não sairão como eles esperavam.

4
Requisitos de uma boa administração

Quando a autorrealização cessa

E quando alguém nutre bons pensamentos? Gostaria de explicar o que ocorre quando um indivíduo leva longe demais seu desejo de sucesso pessoal. Digamos que uma pessoa é dona de uma loja. Com certeza, se o negócio vai bem, isso beneficia seu dono. Mas é importante considerar se é de fato bom que seu negócio se expanda. Se esta loja vende produtos de má qualidade por preços altos, seu sucesso será algo ruim. Seu efeito danoso pode ficar limitado, em se tratando de uma única loja, porém, com a expansão, o número de lojas aumentará e isso irá tirar do ramo outras lojas pequenas, mas honestas, transformando-se em um mal. Quando se torna um mal, o negócio para de crescer.

A falta de sabedoria também pode impedir o desenvolvimento de um negócio. Uma novela de televisão muito popular no Japão, chamada *Oshin*, mostrou isso. Seu tema principal era que a vida contém o bem e o mal; não importa o quanto as coisas pareçam difíceis, você pode melhorar de vida por meio de um grande esforço. Mas, se depois você ficar arrogante e acomodado no conforto, cairá de novo na pobreza. O personagem principal desse drama vive repetidamente esse ciclo de altos e baixos.

Num dos capítulos, o supermercado do qual esse personagem é dono vai à falência depois que seu filho assume a gestão. Esse episódio foi baseado em uma história real de um supermercado japonês que expandiu seus negócios para o exterior e foi à falência em Xangai; seu presidente acabou sendo acusado de maquiar a contabilidade da empresa. Foi como se a história tivesse previsto seu futuro.

Qual foi o principal problema que ocorreu com a administração desse supermercado? A empresa ha-

• AS LEIS DA INVENCIBILIDADE •

via alcançado certo sucesso, e este foi sustentado por um pensamento otimista. O desenvolvimento do negócio foi impulsionado pelo forte crescimento da economia nos anos do pós-guerra, o que permitiu a uma pequena empresa de varejo virar um grande supermercado. Mas outros supermercados começaram a surgir, e as pessoas passaram a encontrar supermercados por toda parte. Isso acirrou a concorrência entre eles, constituindo um teste para seus produtos e sua capacidade gerencial. Eles não conseguiram mais concretizar as visões que tinham em sua mente.

Algo semelhante ocorreu na indústria eletrônica. No período de grande desenvolvimento do pós-guerra, quase todas as companhias eletrônicas conseguiam crescer, mas, quando alcançaram certo porte, começaram a entrar em choque com os concorrentes.

Antes que os computadores se tornassem amplamente disponíveis, as pessoas pensavam que eles só serviam para fazer cálculos. Porém, conforme o número de tarefas que eles eram capazes de realizar aumentou, o setor de computação cresceu rapidamente. As companhias do setor de computação acharam que poderiam ter lucro e se desenvolver indefinidamente, mas não foi isso o que aconteceu. Surgiram muitos concorrentes oferecendo produtos similares. A concorrência se acirrou e as empresas mais fracas foram forçadas a sair do negócio.

• O MODO IDEAL DE SER •

Como vemos, os sonhos das pessoas podem se concretizar até certo ponto. Os negócios vão bem durante as épocas favoráveis, mas quando a concorrência se instala ou quando surge uma recessão, muitos deles vão à falência. Levar isso em conta também expressa sabedoria.

O otimismo autoindulgente é um convite ao fracasso

O supermercado que serviu de modelo à novela *Oshin* adotou em sua administração a filosofia de uma religião japonesa que prega o pensamento otimista. Ele foi bem-sucedido no interior do Japão, mas não conseguiu abrir lojas em Tóquio. Isso levanta a seguinte questão: se uma companhia não é capaz de abrir uma loja em Tóquio, ela tem condições de ser bem-sucedida no exterior?

Esse supermercado já havia fracassado em sua primeira tentativa no exterior, quando tentou montar uma loja no Brasil, mas não aprendeu a lição; continuou a expandir seus negócios na Ásia e fracassou de novo. O dono provavelmente achou que tinha uma chance de ser bem-sucedido: como os países asiáticos ainda estavam se desenvolvendo, seria como abrir lojas nas cidades provinciais do Japão. Mas ao abrir unidades no exterior, viu que as pessoas exigiam produtos melhores que aqueles que a loja oferecia. O supermercado perdeu a concorrência para cadeias varejistas maiores que haviam se instalado na Ásia.

Com base num pensamento otimista, algumas pessoas creem que podem aumentar o número de seus clientes o quanto quiserem e obter um crescimento ilimitado num país como a China, que tem uma população de 1,38 bilhão. O Japão tem cerca de 125 milhões de habitantes, ou seja, a população da China é dez vezes maior. Muitos empresários acham que, pelo fato de a China ter um vasto mercado potencial, serão capazes de expandir seus negócios o quanto desejarem.

No entanto, se você assistir a um documentário sobre a China verá que o salário da população fica em torno de 200 dólares por ano. Isso significa que as pessoas só podem comprar um número limitado de produtos. Ainda vai demorar alguns anos para que a renda anual média do povo chinês chegue a 20, 30 mil dólares, o que equivale à renda anual média dos japoneses.

Se uma companhia investe pesado na China sem levar isso em conta, é muito natural que vá à falência. Nesse caso, o fracasso será fruto de uma filosofia errônea, de falta de sabedoria e de uma interpretação equivocada da situação.

• O MODO IDEAL DE SER •

    Se eu fosse o dono daquele supermercado, teria me oposto à ideia de buscar uma expansão no exterior logo após o sucesso no interior do Japão. Teria imaginado que só seria capaz de alcançar sucesso no exterior depois de ser bem-sucedido em Tóquio. Talvez pudesse haver alguma chance de sucesso nos velhos tempos, quando as pessoas não tinham como obter informações do mundo exterior. Mas hoje em dia, quando a informação chega a todos os cantos do mundo instantaneamente, mesmo as pessoas que vivem no exterior exigem produtos melhores.
    As principais companhias do Japão são aquelas que alcançaram sucesso em Tóquio. Os empreendimentos que não se saem bem em Tóquio ou não conseguem abrir lojas em Tóquio não são capazes de dominar o mercado mundial. Podem até expandir suas atividades no exterior, mas assim que outra companhia japonesa que tenha sido bem-sucedida em Tóquio entra no mercado, elas perdem na concorrência; estavam querendo mais do que eram capazes de obter.
    A filosofia de desenvolvimento, quando praticada com exagero e indulgência, pode acarretar uma falência em vez de crescimento. É preciso rever profundamente esta lógica.

• As leis da invencibilidade •

Tenha simultaneamente uma visão subjetiva e objetiva

Em termos gerais, se você tem bons pensamentos, isso produzirá o bem. Se você deseja desenvolvimento, seu negócio irá crescer. No entanto, tenha sempre em mente que neste mundo você coexiste com outras pessoas que também procuram a felicidade na vida. Por exemplo, sabemos que as pessoas querem comprar bons produtos numa boa loja, e você insiste em dizer que a sua é a melhor, só que você precisa verificar se isso é verdade de um ponto de vista objetivo. Não há problema em afirmar que você é o melhor se esse for um fato objetivo. Mas lembre-se de que todas as outras lojas também se esforçam para ser as melhores. É importante que você tenha uma visão objetiva da sua capacidade e saiba traçar uma linha divisória entre o que é um crescimento efetivo e o que é apenas ganância. Mesmo que tenha bons pensamentos, se eles expressam algo além da sua capacidade, então se tornam apenas interesse próprio. Você precisa entender bem isso, e ter tanto uma visão objetiva quanto subjetiva, como indivíduo e como líder de uma organização.

Sem dúvida, você se sentirá deprimido se pensar que o copo ainda está vazio da metade para cima e se sentirá animado se considerar que o copo já encheu até a metade. Mas a história muda se houver muitas pessoas querendo beber água. Um copo com água até a metade talvez seja suficiente para você, mas se houver muitas pessoas com sede, você terá de calcular de quanta água irá precisar. É improvável que uma só pessoa queira tomar vários litros de água, portanto um copo de água para cada uma delas será suficiente. Assim, é só contar o número de pessoas que querem beber e você saberá de quanta água precisa. Se irá conseguir ou não o volume necessário, dependerá de seu discernimento como líder. Não force a situação adotando uma visão excessivamente otimista.

Em termos de governo, espera-se que os líderes políticos tenham a capacidade de lidar com os problemas nacionais e, embora em escala menor, espera-se que os executivos de uma companhia também tenham essa capacidade. Na maioria das vezes, um empreendimento é montado por uma só pessoa. Mais de 90% do sucesso das empresas de pequeno e médio porte dependem da capacidade do dono. As companhias surgem e crescem como resultado do talento, da criatividade e das ideias do seu dono. Ao mesmo tempo, o limite da sua capacidade é o que as leva à falência. Depois que uma companhia atinge certo porte, o dono tem de avaliar com cuidado os limites de sua capacidade e definir se ele e sua equipe gerencial têm condições de continuar dirigindo o negócio.

Você é capaz de dirigir certas áreas, outras não; portanto, deve definir onde se situam suas limitações.

Você também precisa examinar as circunstâncias econômicas e ver se são favoráveis ao seu setor. Quando a economia mostra bom desempenho, é raro os donos de negócio serem malsucedidos, pois seus produtos e serviços irão vender de qualquer modo. Só em fases de recessão é que fica claro quais produtos realmente são bons e que companhias são de fato fortes.

5
Sobreviver dentro dos limites da sua capacidade

A operação dos bancos japoneses depende de dinheiro emprestado

Durante uma longa recessão, muitos negócios foram à falência. Até grandes comporações e órgãos governamentais tiveram de se submeter a uma severa reestruturação. À primeira vista, o crescente número de desempregados é um problema terrível, mas isso tem também um aspecto positivo. O alto índice de desemprego significa que as companhias estão tendo a oportunidade de cortar o "excesso de peso" desnecessário e selecionar apenas aqueles funcionários que de fato podem dar uma contribuição à companhia. Aqueles que têm ascendido na escada do sucesso sem muito esforço, assim como os que têm recebido aumentos automáticos ano após ano, estão aos poucos compreendendo que as coisas mudaram. As empresas cujos lucros cresciam naturalmente todo ano também estão descobrindo que a situação não é mais assim.

Quando os bancos começaram a falir, ficamos sabendo que eles vinham operando seus negócios usando dinheiro emprestado. Os bancos usavam os depósitos de seus clientes; em outras palavras, pegavam dinheiro emprestado do povo.

Os grandes bancos fazem empréstimos de centenas de bilhões de dólares. Por exemplo, se eles têm depósitos de 300 bilhões de dólares, isso quer dizer que devem 300 bilhões de dólares e também têm de pagar juros sobre esses empréstimos. Mas, se a economia cresce, e se os depósitos das pessoas passam de 350 ou 400 bilhões de dólares, os bancos são capazes de usar os depósitos adicionais para pagar os empréstimos. Repetindo esse procedimento, o setor bancário japonês cresceu continuamente desde a Segunda Guerra Mundial.

As indústrias também têm recorrido a empréstimos de bilhões de dólares para levar adiante seus negócios. Elas não tentam quitar esses empréstimos, e foram se saindo bem enquanto ganhavam suficiente dinheiro sobre esse capital para poder pagar os juros aos bancos e os salários da folha de pagamento. Mas agora esse sistema não funciona mais.

Os bancos japoneses estavam exatamente na mesma situação. Quando a economia parou de crescer, os bancos não puderam mais pagar os juros de seus empréstimos, e as pessoas foram obrigadas a conviver com juros de praticamente 0% em sua poupança. Isso quer dizer que os bancos estavam simplesmente utilizando o dinheiro sem lhe acrescentar nenhum valor. Essa é a realidade com a qual foram confrontadas.

Qual o valor agregado que o setor bancário cria? Ele pode oferecer financiamento a negócios pequenos e desconhecidos e ajudá-los a crescer. Se, como resultado disso, esses negócios se tornam corporações bem-sucedidas, então os bancos terão produzido valor agregado para o dinheiro que lhes foi confiado. Nesse caso, teriam exercido o poder de produzir algo a partir de nada. Mas, infelizmente, essa é uma capacidade que os bancos nunca cultivaram.

Enquanto a economia continuou crescendo, ninguém se deu ao trabalho de investigar os bastidores das corporações japonesas, mas agora seus pontos fracos estão vindo à luz. O mesmo vale para a burocracia; já está na hora de reexaminarmos esses aspectos. Agora é o momento de adquirirmos a verdadeira sabedoria.

As limitações de governança de uma nação endividada

Não é possível continuar a manter um país funcionando bem se ele está afundado em dívidas, do mesmo modo que um indivíduo não pode sobreviver com o fardo esmagador de uma dívida. Você pode ser capaz de seguir adiante por um tempo, mas se continua pegando dinheiro emprestado de organizações sedentas de lucro, um dia você irá quebrar. Talvez então seja obrigado a deixar tudo para trás e fechar as portas, ou pode até chegar a cometer suicídio. As corporações também irão declinar se contraírem empréstimos além de certo montante, e o mesmo se aplica a um país.

Quando um país está endividado, a questão principal é se o governo está fazendo um trabalho que compense a quantidade de dinheiro que ele deve. Se a administração está preocupada apenas em melhorar a economia no período de um ano ou dois que tem pela frente, então só me resta concluir que sua filosofia básica está equivocada.

Ao final da administração Clinton, as autoridades diziam que os Estados Unidos vinham desfrutando de um *boom* de crescimento econômico havia quase dez anos e que tinham eliminado o déficit fiscal, que era um dos seus dois déficits, mas isso não é necessariamente vedadeiro.

Como nação, os Estados Unidos ainda estavam profundamente endividados. O país elevou a taxa de juros para atrair investimento estrangeiro, particularmente do Japão, e usou esse dinheiro emprestado para promover uma economia voltada para o consumo e desse modo melhorar a economia. Mas isso não mudou o fato de que era uma nação endividada. Os Estados Unidos ainda lidavam com um déficit em suas contas, e as pessoas usavam um dinheiro que elas mesmas não haviam ganho. Se continuarem nessa direção, acredito que irão acabar enfrentando tempos difíceis.

Falando em linguagem figurada, é como se os Estados Unidos tivessem desfrutado de uma fase de refeições *gourmet* mas agora enfrentassem um problema de obesidade. Os americanos podiam ter a sensação de estarem mais fortes ao ganhar peso, mas na realidade seus órgãos internos estavam ficando mais fragilizados. Eles não podem continuar a viver acima de suas possibilidades, porque isso não é logicamente possível. Vejo uma crise rondando o futuro desse país. É importante que as pessoas vivam de acordo com seus recursos.

6
Use a sabedoria e siga o caminho do meio

Neste capítulo, falei sobre o modo ideal de ser. Essas ideias se aplicam não só a indivíduos, mas também a organizações e nações. Em vez de procurar obter condições ideais que lhe permitam ter uma vida de extravagâncias, gostaria que você pensasse em alcançar uma condição ótima do ser. A condição ideal de ser não é um estado extremo — você não precisa ser muito condescendente nem rigoroso demais consigo. Não é uma maneira de pensar que seja apenas benéfica ou só prejudicial à sua companhia. Não é o tipo de pensamento que declara simplesmente que uma doença não existe, ou afirma que você não é capaz de evitar uma doença.

A sabedoria está em algum ponto entre essas visões extremas. Você precisa usar o poder da sabedoria para descobrir o caminho do meio e seguir por ele. Viver sempre dentro dos limites da sua capacidade. Tanto o desejo excessivo quanto a falta de desejo podem destruí-lo. Aqueles que não têm desejo nem força para viver não sobrevivem, mas tampouco sobreviverão aqueles que se mostrarem ambiciosos demais. Essa é a lei.

Você precisa usar a sabedoria para fazer um autoexame minucioso e avaliar a capacidade da organização à qual pertence. E finalmente deve possuir a força necessária para sobreviver nesse ambiente sempre em mutação. Esse mesmo princípio aplica-se tanto a um único indivíduo como ao líder de uma nação. As limitações do pensamento de uma pessoa irão se manifestar nos resultados. É meu desejo mais intenso que você pense a respeito de sua condição ideal de ser, que reflita a respeito de como você deve ser.

Posfácio

Este não é um livro sobre filosofia abstrata. É uma discussão concreta sobre os princípios básicos do sucesso na vida, sobre as estratégias vencedoras dos líderes, os métodos para ser bem-sucedido na administração dos negócios e para sobreviver à recessão, e sobre a importância de usar a sabedoria para escolher o caminho do meio na política e na economia.

As ideias contidas neste livro têm demonstrado que eu, Ryuho Okawa, conhecido principalmente como líder religioso, também posso desempenhar o papel de estrategista, assim como o de líder da nação. Meu propósito é libertar as pessoas dos sofrimentos deste mundo. Este livro, portanto, também oferece um vislumbre do lado mais austero do líder e comandante da Happy Science, uma organização invencível que não cede um milímetro em sua luta contra as forças do mal.

Creio firmemente que essas estratégias, que tenho testado e usado na prática nos últimos vinte anos, irão se firmar como um farol da vitória eterna para inúmeras pessoas. Que os ventos da Grande Misericórdia possam soprar e alcançar o mundo todo.

Ryuho Okawa
Dezembro de 2001

Sobre o autor

O mestre Ryuho Okawa começou a receber mensagens de grandes personalidades da história – Jesus, Buda e outros seres celestiais – em 1981. Esses seres sagrados vieram com mensagens apaixonadas e urgentes, rogando que ele transmitisse às pessoas na Terra a sabedoria divina deles. Assim se revelou o chamado para que ele se tornasse um líder espiritual e inspirasse pessoas no mundo todo com as Verdades espirituais sobre a origem da humanidade e sobre a alma, por tanto tempo ocultas. Esses diálogos desvendaram os mistérios do Céu e do Inferno e se tornaram a base sobre a qual o mestre Okawa construiu sua filosofia espiritual. À medida que sua consciência espiritual se aprofundou, ele compreendeu que essa sabedoria continha o poder de ajudar a humanidade a superar conflitos religiosos e culturais e conduzi-la a uma era de paz e harmonia na Terra.

Pouco antes de completar 30 anos, o mestre Okawa deixou de lado uma promissora carreira de negócios para se dedicar totalmente à publicação das mensagens que recebeu do Mundo Celestial. Desde então, já publicou mais de 2.100 livros, tornando-se um autor de grande sucesso no Japão e no mundo. A universalidade da sabedoria que ele compartilha, a profundidade de sua filosofia religiosa e espiritual e a clareza e compaixão de suas mensagens continuam a atrair milhões de leitores. Além de seu trabalho contínuo como escritor, o mestre Okawa dá palestras públicas pelo mundo todo.

• Sobre o autor •

Transmissão de palestras em mais de 3.500 locais
ao redor do mundo

Desde a fundação da Happy Science, em 1986, o mestre Ryuho Okawa proferiu mais de 2.500 palestras. Esta foto é do Evento de Celebração da Palestra da Descida do Senhor, realizada na Super Arena Saitama, no Japão, em 8 de julho de 2014. Na palestra intitulada "A Grande Estratégia para a Prosperidade", o mestre ensinou que não devemos nos apoiar num grande governo e que, caso surja um país ambicioso, devemos mostrar ao seu povo qual é o caminho correto. Ele também ensina que é importante construir um futuro de paz e prosperidade com os esforços e a perseverança de cada indivíduo independente. Mais de 17 mil pessoas compareceram ao estádio principal e o evento foi também transmitido ao vivo para mais de 3.500 locais ao redor do mundo.

Mais de 2 mil livros publicados

Os livros do mestre Ryuho Okawa foram traduzidos em 28 línguas e vêm sendo cada vez mais lidos no mundo inteiro. Em 2010, ele recebeu menção no livro *Guinness World Records* por ter publicado 52 livros em um ano. Ao longo de 2013, publicou 106 livros. Até dezembro de 2016, o número de livros lançados pelo mestre Okawa passou de 2.100.

Entre eles, há também muitas mensagens de espíritos de grandes figuras históricas e de espíritos guardiões de importantes personalidades que vivem no mundo atual.

Sobre a Happy Science

Em 1986, o mestre Ryuho Okawa fundou a Happy Science, um movimento espiritual empenhado em levar mais felicidade à humanidade pela superação de barreiras raciais, religiosas e culturais, e pelo trabalho rumo ao ideal de um mundo unido em paz e harmonia. Apoiada por seguidores que vivem de acordo com as palavras de iluminada sabedoria do mestre Okawa, a Happy Science tem crescido rapidamente desde sua fundação no Japão e hoje conta com mais de 20 milhões de membros em todo o globo, com templos locais em Nova York, Los Angeles, São Francisco, Tóquio, Londres, Paris, Düsseldorf, Sydney, São Paulo e Seul, dentre as principais cidades. Semanalmente o mestre Okawa ensina nos Templos da Happy Science e viaja pelo mundo dando palestras abertas ao público.

A Happy Science possui vários programas e serviços de apoio às comunidades locais e pessoas necessitadas, como programas educacionais pré e pós--escolares para jovens e serviços para idosos e pessoas com necessidades especiais. Os membros também participam de atividades sociais e beneficentes, que no passado incluíram ajuda humanitária às vítimas de terremotos na China e no Japão, levantamento de fundos para uma escola na Índia e doação de mosquiteiros para hospitais em Uganda.

Programas e Eventos

Os templos locais da Happy Science oferecem regularmente eventos, programas e seminários. Junte-se às nossas sessões de meditação, assista às nossas palestras, participe dos grupos de estudo, seminários e eventos literários. Nossos programas ajudarão você a:
- aprofundar sua compreensão do propósito e significado da vida;
- melhorar seus relacionamentos conforme você aprende a amar incondicionalmente;
- aprender a tranquilizar a mente mesmo em dias estressantes, pela prática da contemplação e da meditação;
- aprender a superar os desafios da vida e muito mais.

Seminários Internacionais

Anualmente, amigos do mundo inteiro comparecem aos nossos seminários internacionais, que ocorrem em nossos templos no Japão. Todo ano são oferecidos programas diferentes sobre diversos tópicos, entre eles como melhorar relacionamentos praticando os Oito Corretos Caminhos para a Iluminação e como amar a si mesmo.

Contatos

BRASIL	www.happyscience.com.br
SÃO PAULO (Matriz)	R. Domingos de Morais 1154, Vila Mariana, São Paulo, SP, CEP 04010-100 55-11-5088-3800, sp@happy-science.org
Zona Sul	R. Domingos de Morais 1154, 1º and., Vila Mariana, São Paulo, SP, CEP 04010-100 55-11-5088-3800, sp_sul@happy-science.org
Zona Leste	R. Fernão Tavares 124, Tatuapé, São Paulo, SP, CEP 03306-030, 55-11-2295-8500, sp_leste@happy-science.org
Zona Oeste	R. Grauçá 77, Vila Sônia, São Paulo, SP, CEP 05626-020, 55-11-3061-5400, sp_oeste@happy-science.org
CAMPINAS	Rua Joana de Gusmão 187, Jardim Guanabara, Campinas, SP, CEP 13073-370 55-19-3255-3346
CAPÃO BONITO	Rua General Carneiro 306, Centro, Capão Bonito, SP, CEP 18300-030, 55-15-3542-5576
JUNDIAÍ	Rua Congo 447, Jd. Bonfiglioli, Jundiaí, SP, CEP 13207-340, 55-11-4587-5952, jundiai@happy-science.org
LONDRINA	Rua Piauí 399, 1º and., sala 103, Centro, Londrina, PR, CEP 86010-420, 55-43-3322-9073
SANTOS	Rua Júlio Conceição 94, Vila Mathias, Santos, SP, CEP 11015-540, 55-13-3219-4600, santos@happy-science.org

SOROCABA	Rua Dr. Álvaro Soares 195, sala 3, Centro, Sorocaba, SP, CEP 18010-190 55-15-3359-1601, sorocaba@happy-science.org
RIO DE JANEIRO	Largo do Machado 21, sala 607, Catete, Rio de Janeiro, RJ, CEP 22221-020 55-21-3243-1475, riodejaneiro@happy-science.org
INTERNACIONAL	www.happyscience.org

ÁFRICA

ACRA (Gana)	28 Samora Machel Street, Asylum Down, Acra, Gana, 233-30703-1610, ghana@happy-science.org
DURBAN (África do Sul)	55 Cowey Road, Durban 4001, África do Sul 031-2071217 031-2076765, southafrica@happy-science.org
KAMPALA (Uganda)	Plot 17 Old Kampala Road, Kampala, Uganda P.O. Box 34130, 256-78-4728601 uganda@happy-science.org, www.happyscience-uganda.org
LAGOS (Nigéria)	1st Floor, 2A Makinde Street, Alausa, Ikeja, Off Awolowo Way, Ikeja-Lagos State, Nigéria, 234-805580-2790, nigeria@happy-science.org

AMÉRICA

FLÓRIDA (EUA)	12208 N 56th St., Temple Terrace, Flórida, EUA 33617, 813-914-7771 813-914-7710, florida@happy-science.org

• CONTATOS •

HONOLULU (EUA)	1221 Kapiolani Blvd, Suite 920, Honolulu, Havaí, 96814, EUA, 1-808-591-9772, 1-808-591-9776, hi@happy-science.org, www.happyscience-hi.org
LIMA (Peru)	Av. Angamos Oeste 354, Miraflores, Lima, Peru, 51-1-9872-2600, peru@happy-science.org, www.happyscience.jp/sp
LOS ANGELES (EUA)	1590 East Del Mar Blvd., Pasadena, CA 91106, EUA, 1-626-395-7775, 1-626-395-7776, la@happy-science.org, www.happyscience-la.org
MÉXICO	Av. Insurgentes Sur 1443, Col. Insurgentes Mixcoac, México 03920, D.F. mexico@happy-science.org, www.happyscience.jp/sp
NOVA YORK (EUA)	79 Franklin Street, Nova York 10013, EUA, 1-212-343-7972, 1-212-343-7973, ny@happy-science.org, www.happyscience-ny.org
SÃO FRANCISCO (EUA)	525 Clinton St., Redwood City, CA 94062, EUA 1-650-363-2777, sf@happy-science.org, www.happyscience-sf.org
TORONTO (Canadá)	323 College St., Toronto ON Canadá M5T 1S2, 1-416-901-3747, toronto@happy-science.org

ÁSIA

BANCOC (Tailândia)	Entre Soi 26-28, 710/4 Sukhumvit Rd., Klongton, Klongtoey, Bancoc 10110 66-2-258-5750, 66-2-258-5749, bangkok@happy-science.org

CINGAPURA	190 Middle Road #16-05, Fortune Centre, Cingapura 188979, 65 6837 0777/ 6837 0771 65 6837 0772, singapore@happy-science.org
COLOMBO (Sri Lanka)	Nº 53, Ananda Kumaraswamy Mawatha, Colombo 7, Sri Lanka, 94-011-257-3739, srilanka@happy-science.org
HONG KONG (China)	Unit A, 3/F-A Redana Centre, 25 Yiu Wa Street, Causeway Bay, 85-2-2891-1963, hongkong@happy-science.org
KATMANDU (Nepal)	Kathmandu Metropolitan City, Ward No-9, Gaushala, Surya, Bikram Gynwali Marga, House Nº 1941, Katmandu, 977-0144-71506, nepal@happy-science.org
MANILA (Filipinas)	Gold Loop Tower A 701, Escriva Drive Ortigas Center Pasig, City 1605, Metro Manila, Filipinas, 094727 84413, philippines@happy-science.org
NOVA DÉLI (Índia)	314-319, Aggarwal Square Plaza, Plot-8, Pocket-7, Sector-12, Dwarka, Nova Déli-7S, Índia 91-11-4511-8226, newdelhi@happy-science.org
SEUL (Coreia do Sul)	162-17 Sadang3-dong, Dongjak-gu, SeOul, Coreia do Sul, 82-2-3478-8777 82-2-3478-9777, korea@happy-science.org
TAIPÉ (Taiwan)	Nº 89, Lane 155, Dunhua N. Rd., Songshan District, Cidade de Taipé 105, Taiwan, 886-2-2719-9377, 886-2-2719-5570, taiwan@happy-science.org
TÓQUIO (Japão)	6F 1-6-7 Togoshi, Shinagawa, Tóquio, 142-0041, Japão, 03-6384-5770, 03-6384-5776, tokyo@happy-science.org, www.happy-science.jp

• CONTATOS •

EUROPA

DÜSSELDORF (Alemanha)	Klosterstr. 112, 40211 Düsseldorf, Alemanha web: http://hs-d.de/ 49-211-93652470, 49-211-93652471, germany@happy-science.org
FINLÂNDIA	finland@happy-science.org
LONDRES (GBR)	3 Margaret Street, London W1W 8RE, Grã-Bretanha, 44-20-7323-9255 44-20-7323-9344, eu@happy-science.org, www.happyscience-eu.org
PARIS (França)	56, rue Fondary 75015 Paris, França 33-9-5040-1110 33-9-55401110 france@happy-science.org, www.happyscience-fr.org
VIENA (Áustria)	Zentagasse 40-42/1/1b, 1050, Viena, Áustria/EU 43-1-9455604, austria-vienna@happy-science.org

OCEANIA

AUCKLAND (Nova Zelândia)	409A Manukau Road, Epsom 1023, Auckland, Nova Zelândia 64-9-6305677, 64-9-6305676, newzealand@happy-science.org
SYDNEY (Austrália)	Suite 17, 71-77 Penshurst Street, Willoughby, NSW 2068, Austrália, 61-2-9967-0766 61-2-9967-0866, sydney@happy-science.org

Partido da Realização da Felicidade

O Partido da Realização da Felicidade (PRF) foi fundado no Japão em maio de 2009 pelo mestre Ryuho Okawa como parte do Grupo Happy Science, para oferecer soluções concretas e práticas a assuntos atuais, como as ameaças militares da Coreia do Norte e da China e a recessão econômica de longo prazo. O PRF objetiva implementar reformas radicais no governo japonês, a fim de levar paz e prosperidade ao Japão. Para isso, o PRF propõe duas medidas principais:

1. Fortalecer a segurança nacional e a aliança Japão--EUA, que tem papel vital para a estabilidade da Ásia.
2. Melhorar a economia japonesa implementando cortes drásticos de impostos, adotando medidas monetárias facilitadoras e criando novos grandes setores.

O PRF defende que o Japão deve oferecer um modelo de nação religiosa que permita a coexistência de valores e crenças diversos, e que contribua para a paz global.

Para mais informações, visite en.hr-party.jp

Universidade Happy Science

O espírito fundador e a meta da educação

Com base na filosofia fundadora da universidade, que é de "Busca da felicidade e criação de uma nova civilização", são oferecidos educação, pesquisa e estudos para ajudar os estudantes a adquirirem profunda compreensão, assentada na crença religiosa, e uma expertise avançada, para com isso produzir "grandes talentos de virtude" que possam contribuir de maneira abrangente para servir o Japão e a comunidade internacional.

Visão geral das faculdades e departamentos
– Faculdade de Felicidade Humana,
Departamento de Felicidade Humana

Nesta faculdade, os estudantes examinam as ciências humanas sob vários pontos de vista, com uma abordagem multidisciplinar, a fim de poder explorar e vislumbrar um estado ideal dos seres humanos e da sociedade.

– Faculdade de Administração de Sucesso,
Departamento de Administração de Sucesso

Esta faculdade tem por objetivo tratar da administração de sucesso, ajudando entidades organizacionais de todo tipo a criar valor e riqueza para a sociedade e contribuir para a felicidade e o desenvolvimento da administração e dos empregados, assim como da sociedade como um todo.

– Faculdade da Indústria Futura, Departamento de Tecnologia Industrial

O objetivo desta faculdade é formar engenheiros capazes de resolver várias das questões enfrentadas pela civilização moderna, do ponto de vista tecnológico, contribuindo para criar novos setores no futuro.

• Universidade Happy Science •

Academia Happy Science
Escola Secundária de Primeiro e Segundo Grau

A Academia Happy Science de Primeiro e Segundo Grau é uma escola em período integral fundada com o objetivo de educar os futuros líderes do mundo para que tenham uma visão ampla, perseverem e assumam novos desafios. Hoje há dois *campi* no Japão: o Campus Sede de Nasu, na província de Tochigi, fundado em 2010, e o Campus Kansai, na província de Shiga, fundado em 2013.

Filmes da Happy Science

O mestre Okawa é criador e produtor executivo de dez filmes, que receberam vários prêmios e reconhecimento ao redor do mundo.

Títulos dos filmes:

- As Terríveis Revelações de Nostradamus (1994)
- Hermes – Ventos do Amor (1997)
- As Leis do Sol (2000)
- As Leis Douradas (2003)
- As Leis da Eternidade (2006)
- O Renascimento de Buda (2009)
- O Julgamento Final (2012)
- As Leis Místicas (2012)
- As Leis do Universo (2015)
- Estou Bem, Meu Anjo (2016)

As Leis Místicas

Vencedor do "**Prêmio Remi Especial do Júri 2013**" para Produções Teatrais no Festival de Cinema Internacional WorldFest de Houston

• FILMES DA HAPPY SCIENCE •

> **Outros Prêmios recebidos por *As Leis Místicas*:**
> - Festival de Cinema Internacional de Palm Beach (indicado entre os Melhores da Seleção Oficial)
> - Festival de Cinema Asiático de Dallas, Seleção Oficial
> - 4º Festival Anual Proctors de Animação, Seleção Oficial
> - Festival Europa de Filmes Budistas, Seleção Oficial
> - Festival do Filme Japonês de Hamburgo, Seleção Oficial
> - MONSTRA – Festival de Animação de Lisboa, Seleção Oficial

As Leis do Universo
(Parte 0)

Estou Bem,
Meu Anjo

Outros livros de Ryuho Okawa

SÉRIE LEIS

As Leis do Sol
A Gênese e o Plano de Deus
IRH Press do Brasil

Neste livro poderoso, Ryuho Okawa revela a natureza transcendental da consciência e os segredos do nosso universo multidimensional, bem como o lugar que ocupamos nele. Ao compreender as leis naturais que regem o universo, e desenvolver sabedoria pela reflexão com base nos Oito Corretos Caminhos ensinados no budismo, o autor tem como acelerar nosso eterno processo de desenvolvimento e ascensão espiritual. Também indica o caminho para se chegar à verdadeira felicidade. Edição revista e ampliada.

As Leis Douradas
O Caminho para um Despertar Espiritual
Editora Best Seller

Ao longo da história, os Grandes Espíritos Guias de Luz, como Buda Shakyamuni, Jesus Cristo, Krishna e Maomé, têm estado presentes na Terra, em momentos cruciais da história humana, para cuidar do nosso desenvolvimento espiritual. Este livro traz a visão do Supremo Espírito que rege o Grupo Espiritual da Terra, El Cantare, revelando como o plano de Deus tem sido concretizado ao longo do tempo. Depende de todos nós vencer o desafio, trabalhando juntos para ampliar a Luz.

As Leis Místicas
Transcendendo as Dimensões Espirituais
IRH Press do Brasil

A humanidade está entrando numa nova era de despertar espiritual graças a um grandioso plano, estabelecido há mais de 150 anos pelos Espíritos Superiores. Aqui são esclarecidas questões sobre espiritualidade, ocultismo, misticismo, hermetismo, possessões e fenômenos místicos, canalizações, comunicações espirituais e milagres que não foram ensinados nas escolas nem nas religiões. Você compreenderá o verdadeiro significado da vida na Terra, fortalecerá sua fé e religiosidade, despertando o poder de superar seus limites e até manifestar milagres por meio de fenômenos sobrenaturais.

As Leis da Imortalidade
O Despertar Espiritual para uma Nova Era Espacial
IRH Press do Brasil

Milagres ocorrem de fato o tempo todo à nossa volta. Aqui, o mestre Okawa revela as verdades sobre os fenômenos espirituais e ensina que as leis espirituais eternas realmente existem, e como elas moldam o nosso

• Outros livros de Ryuho Okawa •

planeta e os mundos além deste que conhecemos. Milagres e ocorrências espirituais dependem não só do Mundo Celestial, mas sobretudo de cada um de nós e do poder contido em nosso interior – o poder da fé.

As Leis da Salvação
Fé e a Sociedade Futura
IRH Press do Brasil

O livro analisa o tema da fé e traz explicações relevantes para qualquer pessoa, pois ajudam a elucidar os mecanismos da vida e o que ocorre depois dela, permitindo que os seres humanos adquiram maior grau de compreensão, progresso e felicidade. Também aborda questões importantes, como a verdadeira natureza do homem enquanto ser espiritual, a necessidade da religião, a existência do bem e do mal, o papel das escolhas, a possibilidade do apocalipse, como seguir o caminho da fé e ter esperança no futuro, entre outros temas.

As Leis da Eternidade
A Revelação dos Segredos das Dimensões Espirituais do Universo
Editora Cultrix

Cada uma de nossas vidas é parte de uma série de vidas cuja realidade se assenta no outro mundo espiritual. Neste livro esclarecedor, Ryuho Okawa revela os aspectos multidimensionais do Outro Mundo, descrevendo suas dimensões, características e as leis que o governam. Ele também explica por que é essencial para nós compreendermos a estrutura e a história do mundo espiritual, e percebermos a razão de nossa vida – como parte da preparação para a Era Dourada que está por se iniciar.

As Leis da Felicidade
Os Quatro Princípios para uma Vida Bem-Sucedida
Editora Cultrix

Este livro é uma introdução básica aos ensinamentos de Ryuho Okawa, ilustrando o cerne de sua filosofia. O autor ensina que, se as pessoas conseguem dominar os Princípios da Felicidade – Amor, Conhecimento, Reflexão e Desenvolvimento –, elas podem fazer sua vida brilhar, tanto neste mundo como no outro, pois esses princípios são os recursos para escapar do sofrimento e que conduzem as pessoas à verdadeira felicidade.

As Leis da Sabedoria
Faça Seu Diamante Interior Brilhar
IRH Press do Brasil

Neste livro, Okawa descreve, sob diversas óticas, a sabedoria que devemos adquirir na vida.
Apresenta valiosos conceitos sobre o modo de viver, dicas para produção intelectual e os segredos da boa gestão empresarial. Depois da morte, a única coisa que o ser humano pode levar de volta consigo para o outro mundo

• Outros livros de Ryuho Okawa •

é seu "coração". E dentro dele reside a "sabedoria", a parte que preserva o brilho de um diamante. A Iluminação na vida moderna é um processo diversificado e complexo. No entanto, o mais importante é jogar um raio de luz sobre seu modo de vida e, com seus próprios esforços, produzir magníficos cristais durante sua preciosa passagem pela Terra.

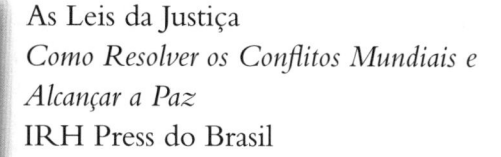

As Leis da Justiça
Como Resolver os Conflitos Mundiais e Alcançar a Paz
IRH Press do Brasil

O autor afirma: "Com este livro, fui além do âmbito de um trabalho acadêmico. Em outras palavras, assumi o desafio de colocar as revelações de Deus como um tema de estudo acadêmico. Busquei formular uma imagem de como a justiça deveria ser neste mundo, vista da perspectiva de Deus ou de Buda. Para isso, fui além do conhecimento acadêmico de destacados estudiosos do Japão e do mundo, assim como do saber de primeiros-ministros e presidentes. Alguns de meus leitores sentirão nestas palavras a presença de Deus no nível global".

As Leis do Futuro
Os Sinais da Nova Era
IRH Press do Brasil

O futuro está em suas mãos. O destino não é algo imutável e pode ser alterado por seus pensamentos e suas escolhas. Tudo depende de seu despertar interior, pois só assim é possível criar um futuro brilhante. Podemos encontrar o Caminho da Vitória usando a força do pensamento para obter sucesso na vida material e espiritual. O desânimo e o fracasso são coisas que não existem de fato: não passam de lições para o nosso aprimoramento nesta escola chamada Terra. Ao ler este livro, a esperança renascerá em seu coração e você cruzará o portal para a nova era.

As Leis da Perseverança
Como Romper os Dogmas da Sociedade e Superar as Fases Difíceis da Vida
IRH Press do Brasil

Ao ler este livro, você compreenderá que pode mudar sua maneira de pensar e assim vencer os obstáculos que os dogmas e o senso comum da sociedade colocam em nosso caminho, apoiando-se numa força que o ajudará a superar as provações: a perseverança. Nem sempre o caminho mais fácil é o correto e o mais sábio. Aqui, o mestre Okawa compartilha seus segredos no uso da perseverança e do esforço para fortalecer sua mente, superar suas limitações e resistir ao longo do caminho que o conduzirá a uma vitória infalível.

• OUTROS LIVROS DE RYUHO OKAWA •

SÉRIE ENTREVISTAS ESPIRITUAIS

Mensagens do Céu
Revelações de Jesus, Buda, Moisés e Maomé para o mundo moderno
IRH Press do Brasil

Ryuho Okawa compartilha as mensagens desses quatro espíritos, recebidas por comunicação espiritual, e o que eles desejam que as pessoas da presente época saibam. Jesus envia mensagens de amor, fé e perdão; Buda ensina sobre o "eu" interior, perseverança, sucesso e iluminação na vida terrena; Moisés explora o sentido da retidão, do pecado e da justiça; e Maomé trata de questões sobre a tolerância, a fé e os milagres. Você compreenderá como esses líderes religiosos influenciaram a humanidade ao expor sua visão a respeito das Verdades Universais e por que cada um deles era um mensageiro de Deus empenhado em guiar as pessoas.

A Última Mensagem de Nelson Mandela para o Mundo
Uma Conversa com Madiba Seis Horas Após Sua Morte
IRH Press do Brasil

A Série Entrevistas Espirituais apresenta mensagens recebidas de espíritos famosos e revolucionários da história da humanidade e também de espíritos guardiões de pessoas ainda encarnadas que estão influenciando o mundo contemporâneo. Nelson Mandela, conhecido como Madiba, veio até o mestre Okawa seis horas após seu falecimento e transmitiu sua última mensagem de amor e justiça para todos, antes de retornar ao Mundo Espiritual. Porém, a revelação mais surpreendente deste livro é que Mandela é um Grande Anjo de Luz, trazido a este mundo para promover a justiça divina, e que, no passado remoto, foi um grande herói da Bíblia.

A Verdade sobre o Massacre de Nanquim
Revelações de Iris Chang
IRH Press do Brasil

Iris Chang, jornalista norte-americana de ascendência chinesa, ganhou notoriedade após lançar, em 1997, *O Estupro de Nanquim*, em que denuncia as atrocidades cometidas pelo Exército Imperial Japonês durante a Guerra Sino-Japonesa, em 1938-39. Foi a partir da publicação da obra que a expressão "Massacre de Nanquim" passou a ser conhecida e recentemente voltou à tona, espalhando-se depressa dos Estados Unidos para o mundo. Atualmente, porém, essas afirmações vêm sendo questionadas. Para esclarecer o assunto, Okawa invocou o espírito da jornalista dez anos após sua morte e revela, aqui, o estado de Chang à época de sua morte e a grande possibilidade de uma conspiração por trás de seu livro.

• OUTROS LIVROS DE RYUHO OKAWA •

Mensagens de Jesus Cristo
A Ressurreição do Amor
Editora Cultrix

Assim como muitos outros Espíritos Superiores, Jesus Cristo tem transmitido diversas mensagens espirituais ao mestre Okawa, cujo objetivo é orientar a humanidade e despertá-la para uma nova era de espiritualidade.

Walt Disney
Os Segredos da Magia que Encanta as Pessoas
IRH Press do Brasil

Walt Disney foi o criador de Mickey Mouse e fundador do império conhecido como Disney World; lançou diversos desenhos animados que obtiveram reconhecimento global e, graças à sua atuação diversificada, estabeleceu uma base sólida para os vários empreendimentos de entretenimento. Nesta entrevista espiritual, ele nos revela os segredos do sucesso que o consagrou como um dos mais bem-sucedidos empresários da área de entretenimento do mundo contemporâneo.

O Próximo Grande Despertar
Um Renascimento Espiritual
IRH Press do Brasil

Esta obra traz revelações surpreendentes, que podem desafiar suas crenças. São mensagens transmitidas pelos Espíritos Superiores ao mestre Okawa, para que você compreenda a verdade sobre o que chamamos de "realidade". Se você ainda não está convencido de que há muito mais coisas do que aquilo que podemos ver, ouvir, tocar e experimentar; se você ainda não está certo de que os Espíritos Superiores, os Anjos da Guarda e os alienígenas existem aqui na Terra, então leia este livro.

Série Autoajuda

THINK BIG – Pense Grande
O Poder para Criar o Seu Futuro
IRH Press do Brasil

Tudo na vida das pessoas manifesta-se de acordo com o pensamento que elas mantêm diariamente em seu coração. A ação começa dentro da mente. A capacidade de criar de cada pessoa limita-se à sua capacidade de pensar. Ao conhecermos a Verdade sobre o poder do pensamento, teremos em nossas mãos o poder da prosperidade, da felicidade, da saúde e da liberdade de seguir nossos rumos, independentemente das coisas que nos prendem a este mundo material. Com este livro, você aprenderá o verdadeiro significado do Pensamento Positivo e como usá-lo de forma efetiva para concretizar seus sonhos. Leia e descubra como ser positivo, corajoso e realizar seus sonhos.

• Outros livros de Ryuho Okawa •

Estou Bem!
7 Passos para uma Vida Feliz
IRH Press do Brasil

Diferentemente dos textos de autoajuda escritos no Ocidente, este livro traz filosofias universais que irão atender às necessidades de qualquer pessoa. Um tesouro repleto de reflexões que transcendem as diferenças culturais, geográficas, religiosas e raciais. É uma fonte de inspiração e transformação que dá instruções concretas para uma vida feliz. Seguindo os passos deste livro, você poderá dizer: "Estou bem!" com convicção e um sorriso amplo, onde quer que esteja e diante de qualquer circunstância que a vida lhe apresente.

Pensamento Vencedor
Estratégia para Transformar o Fracasso em Sucesso
Editora Cultrix

A vida pode ser comparada à construção de um túnel, pois muitas vezes temos a impressão de ter pela frente como obstáculo uma rocha sólida. O pensamento vencedor opera como uma poderosa broca, capaz de perfurar essa rocha. Quando praticamos esse tipo de pensamento, nunca nos sentimos derrotados em nossa vida. Esse pensamento baseia-se nos ensinamentos de reflexão e desenvolvimento necessários para superar as dificuldades da vida e obter prosperidade. Ao ler, saborear e estudar a filosofia contida neste livro e colocá-la em prática, você será capaz de declarar que não existe essa coisa chamada derrota – só existe o sucesso.

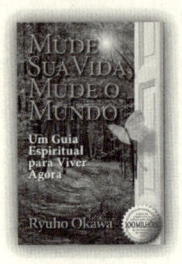

Mude Sua Vida, Mude o Mundo
Um Guia Espiritual para Viver Agora
IRH Press do Brasil

Este livro é uma mensagem de esperança, que contém a solução para o estado de crise em que nos encontramos hoje, quando a guerra, o terrorismo e os desastres econômicos provocam dor e sofrimento por todos os continentes. É um chamado para nos fazer despertar para a Verdade de nossa ascendência, para que todos nós, como irmãos, possamos reconstruir o planeta e transformá-lo numa terra de paz, prosperidade e felicidade.

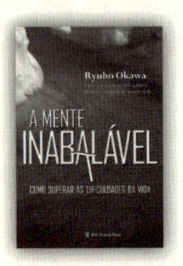

A Mente Inabalável
Como Superar as Dificuldades da Vida
IRH Press do Brasil

Muitas vezes somos incapazes de lidar com os obstáculos da vida, sejam eles problemas pessoais ou profissionais, tragédias inesperadas ou dificuldades que nos acompanham há tempos. Para o autor, a melhor solução para tais situações é ter uma mente inabalável. Neste livro, ele descreve maneiras de adquirir confiança em si mesmo e alcançar o crescimento espiritual, adotando como base uma perspectiva espiritual.

• Outros livros de Ryuho Okawa •

Trabalho e Amor
Como Construir uma Carreira Brilhante
IRH Press do Brasil

O sucesso no trabalho pode trazer muita alegria. Mas só encontramos verdadeiro prazer ao cumprir nossa vocação com paixão e propósito – então, nosso sucesso é abençoado de verdade. Quando cumprimos nossa vocação, conseguimos superar todos os obstáculos, pois sabemos que nosso trabalho confere valor à vida dos outros e traz sentido e satisfação para a nossa vida. Aqui, Okawa introduz 10 princípios para você desenvolver sua vocação e conferir valor, propósito e uma devoção de coração ao trabalho com o qual sempre sonhou. Você irá descobrir princípios que propiciam: trabalho de alto nível; avanço na carreira; atitude mental voltada para o desenvolvimento e a liderança; poder do descanso e do relaxamento; liberação do verdadeiro potencial; saúde e vitalidade duradouras.

Série Felicidade

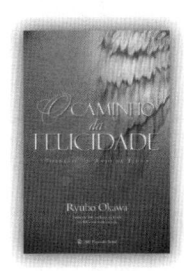

O Caminho da Felicidade
Torne-se um Anjo na Terra
IRH Press do Brasil

Aqui se encontra a íntegra dos ensinamentos das Verdades espirituais transmitidas por Ryuho Okawa e que serve de introdução aos que buscam o aperfeiçoamento espiritual. Okawa apresenta "Verdades Universais" que podem transformar sua vida e conduzi-lo para o caminho da felicidade. A sabedoria contida neste livro é intensa e profunda, porém simples, e pode ajudar a humanidade a alcançar uma era de paz e harmonia na Terra.

Manifesto do Partido da Realização da Felicidade
Um Projeto para o Futuro de uma Nação
IRH Press do Brasil

Nesta obra, o autor declara: "Devemos mobilizar o potencial das pessoas que reconhecem a existência de Deus e de Buda, além de acreditar na Verdade, e trabalhar para construir uma utopia mundial. Devemos fazer do Japão o ponto de partida de nossas atividades políticas e causar impacto no mundo todo". Iremos nos afastar das forças políticas que trazem infelicidade à humanidade, criar um terreno sólido para a verdade e, com base nela, administrar o Estado e conduzir a política do país.

Ame, Nutra e Perdoe
Um Guia Capaz de Iluminar Sua Vida
IRH Press do Brasil

O autor traz uma filosofia de vida na qual revela os segredos para o crescimento espiritual através dos Estágios do amor. Cada estágio representa um nível de elevação no desenvolvimento

• Outros livros de Ryuho Okawa •

espiritual. O objetivo do aprimoramento da alma humana na Terra é progredir por esses estágios e desenvolver uma nova visão do maior poder espiritual concedido aos seres humanos: o amor.

A Essência de Buda
O Caminho da Iluminação e da Espiritualidade Superior
IRH Press do Brasil

Este guia mostra como viver com um verdadeiro propósito. Traz uma visão contemporânea do caminho que vai muito além do budismo, para orientar os que estão em busca da iluminação e da espiritualidade. Você descobrirá que os fundamentos espiritualistas, tão difundidos hoje, na verdade foram ensinados por Buda Shakyamuni e fazem parte do budismo, como os Oito Corretos Caminhos, as Seis Perfeições e a Lei de Causa e Efeito, o Vazio, o Carma e a Reencarnação, entre outros.

Convite à Felicidade
7 inspirações do seu anjo interior
IRH Press do Brasil

Este livro convida você a ter uma vida mais autêntica e satisfatória. Em suas páginas, você vai encontrar métodos práticos que o ajudarão a criar novos hábitos e levar uma vida mais despreocupada, completa e espiritualizada. Por meio de 7

inspirações, você será guiado até o anjo que existe em seu interior — a força que o ajuda a obter coragem e inspiração e ser verdadeiro consigo mesmo. Você vai compreender qual é a base necessária para viver com mais confiança, tranquilidade e sabedoria:
* exercícios de meditação, reflexão e concentração respiratória fáceis de usar;
* visualizações orientadas para criar uma vida melhor e obter paz em seu coração;
* espaços para você anotar as inspirações recebidas do seu anjo interior;
* dicas para compreender como fazer a contemplação;
* planos de ação simples, explicados passo a passo.

As Chaves da Felicidade
Os 10 Princípios para Manifestar a Sua Natureza Divina
Editora Cultrix

Neste livro, o mestre Okawa mostra de forma simples e prática como podemos desenvolver nossa vida de forma brilhante e feliz neste mundo e no outro. O autor ensina os 10 princípios básicos — Felicidade, Amor, Coração, Iluminação, Desenvolvimento, Conhecimento, Utopia, Salvação, Reflexão e Oração — que servem de bússola para nosso crescimento espiritual e felicidade.

• OUTROS LIVROS DE RYUHO OKAWA •

O Ponto de Partida da Felicidade
Um Guia Prático e Intuitivo para Descobrir o Amor, a Sabedoria e a Fé
Editora Cultrix

Neste livro, Okawa ilustra como podemos obter a felicidade e levar a vida com um propósito. Como seres humanos, viemos a este mundo sem nada e sem nada o deixaremos. Podemos nos dedicar à aquisição de propriedades e bens materiais ou buscar o verdadeiro caminho da felicidade – construído com o amor que dá, que acolhe a luz. Okawa nos mostra como alcançar a felicidade e ter uma vida plena de sentido.

Curando a Si Mesmo
A Verdadeira Relação entre Corpo e Espírito
Editora Cultrix

O autor revela as verdadeiras causas das doenças e os remédios para várias delas, que a medicina moderna ainda não consegue curar, oferecendo não apenas conselhos espirituais, mas também de natureza prática. Seguindo os passos aqui sugeridos, sua vida mudará completamente e você descobrirá a verdade sobre a mente e o corpo. Este livro contém revelações sobre o funcionamento da possessão espiritual e como podemos nos livrar dela; mostra os segredos do funcionamento da alma e como o corpo humano está ligado ao plano espiritual.

GRÁFICA PAYM
Tel. [11] 4392-3344
paym@graficapaym.com.br